Andreas Neider

Denken mit dem Herzen

Andreas Neider

Denken mit dem Herzen

Wie wir unsere Gedanken aus dem Kopf befreien können

Verlag Freies Geistesleben

2. Auflage 2023

Verlag Freies Geistesleben
Landhausstraße 82, 70190 Stuttgart
www.geistesleben.com

ISBN 978-3-7725-2724-1

Die dem Text beigegebenen Zeichnungen
wurden von Bettina Kammerer angefertigt.
Umschlaggestaltung und Satz: Thomas Neuerer
Druck: Livonia Print, Riga
Printed in Latvia

Inhalt

Einführung

«Denken mit dem Herzen» erscheint einem wohl auch ohne, dass man sich mit diesem Thema schon intensiver beschäftigt hat, als eine Fähigkeit, ja geradezu eine Tugend, die zu besitzen zur Lösung unzähliger Probleme, in die wir uns sowohl als einzelne Menschen wie als gesamte Menschheit verstrickt haben, beitragen könnte. Nicht umsonst wird vor allem in Veröffentlichungen aus dem Bereich östlicher Spiritualität gerne auf ein «Denken mit dem Herzen» Bezug genommen.[1] Aber auch die christliche Spiritualität bedient sich immer wieder dieses Ausdrucks[2], wobei hier schnell deutlich wird, dass damit nicht eine neue Qualität des Denkens gemeint ist, sondern eine in früheren Zeiten bereits vorhandene Fähigkeit, auf die zum Beispiel auch Antoine de Saint-Exupéry in seiner Erzählung *Der kleine Prinz* mit dem berühmten Ausspruch «Man sieht nur mit dem Herzen gut» hingewiesen hat.

Wir werden auf diese älteren Formen eines Sehens oder Erlebens mit dem Herzen noch ausführlicher zu sprechen kommen. Uns geht es in diesem Buch jedoch um eine neue, über ein *Sehen mit dem Herzen* einerseits und über das Denken mit dem Kopf andererseits hinausgehende Fähigkeit. Sie eröffnet den Gedanken den Weg zum Herzen und löst dadurch das in der Menschheitsgeschichte bisher schon entwickelte Denken, das uns heute so viele Schwierigkeiten bereitet, tatsächlich vom Gehirn, um es auch rein physiologisch in den Bereich des Herzens übergehen zu lassen. Daher werden wir uns auch genauer mit der Physiologie des Herzens, aber auch mit dem übersinnlichen Organ des sogenannten «Herzchakra» beschäftigen, das mit dem physischen Herzen in enger Verbindung steht.

Damit ist nun auf einen Bereich heutiger Spiritualität hingewiesen, der sich seit dem 20. Jahrhundert jenseits oder besser gesagt *diesseits* der östlichen und der christlichen Spiritualität entwickelt hat: die Anthroposophie Rudolf Steiners. Denn Steiner hat in zahlreichen Vorträgen und vor allem in seinem letzten schriftlich verfassten Werk[3] ausführlich über die Ausbildung eines Denkens mit dem Herzen gesprochen. Diese Hinweise Steiners wurden in der Vergangenheit bereits von mehreren anthroposophischen Autoren ausführlich dargestellt und kommentiert,[4] weshalb wir sie in dem vorliegenden Buch nicht erneut dokumentieren, sondern uns auf die wesentlichen Zitate beschränken werden.[5]

Ziel der vorliegenden Darstellung ist es vielmehr, auf einige in der bisherigen anthroposophischen Literatur bisher wenig bis gar nicht behandelte meditative Themen im Werk Rudolf Steiners, die von ihm nicht explizit mit dem Herzdenken in Verbindung gebracht wurden, die unserer Auffassung nach aber eindeutig in unmittelbarem Zusammenhang mit der Ausbildung des Herzdenkens stehen, in praktischer Hinsicht aufmerksam zu machen. Das soll vor allem unter Berücksichtigung unserer heutigen Zeitverhältnisse geschehen, in denen sich im Hinblick auf die Entwicklung unseres Denkens eine Tendenz immer stärker zur Geltung bringt: die mit dem sogenannten *Transhumanismus* in Verbindung stehende weltweite Ausbreitung der *künstlichen Intelligenz*.

Mit diesem Thema habe ich mich bereits in meinen beiden Büchern *Der Mensch zwischen Über- und Unternatur* und *Aufmerksamkeitsdefizite* auseinandergesetzt.[6] Auch in meiner Darstellung zum Wesen der Zeit im Werk Rudolf Steiners[7] bin ich auf einige Aspekte der Digitalisierung eingegangen und habe dabei auch die Thematik der Physiologie des menschlichen Herzens berührt.

In diesem Buch soll es jedoch konkreter und konzentrierter als zuvor um die Praxis der Ausbildung des Herzdenkens als Gegenbild zur Entwicklung der künstlichen Intelligenz gehen. Das heißt, wir werden uns auf die für diese Praxis wesentlichen Aspekte beschränken. Dazu werden wir in den ersten Kapiteln in knapper Form auf die Entwicklung des Denkens und der Intelligenz in der Menschheitsgeschichte und auf das Wesen der künstlichen Intelligenz sowie auf die älteren Formen des oben bereits erwähnten *Sehens mit dem Herzen* eingehen. Außerdem werden wir uns kurz mit der Physiologie des menschlichen Herzens und ihrer Beziehung zum Zeitenkreuz beschäftigen, die wiederum die Grundlage für das Miterleben des Jahreslaufes bildet.

Der zweite Teil des Buches wird sich dann in drei Kapiteln mit der Praxis der Entwicklung des Herzdenkens anhand konkreter meditativer Übungen beschäftigen. Im Zentrum des Buches wird dabei die Beziehung des menschlichen Herzens zur Sonne und zum Jahreskreislauf der Erde sowie die Meditation der «Herzensgüte»[8] stehen. Warum und weshalb, das wird sich aus dem Verlauf der Darstellung ergeben. Im Ganzen werden wir dabei eher aphoristisch vorgehen und uns nicht in Details verlieren. Dadurch soll die Lektüre zwar nicht dem Inhalt, aber der Form nach erleichtert werden.[9]

Danken möchte ich vor allem Friederike Schinagel, die mich zu der von ihr kuratierten Veranstaltungsreihe *Ästhetik der interreligiösen Begegnung* an der Humboldt-Universität zu Berlin, die 2018 unter dem Motto «Das Herz als Wahrnehmungsorgan» stand,[10] eingeladen und mir dadurch die Gelegenheit gegeben hat, das dort vorgetragene Thema *Denken mit dem Herzen* aus anthroposophischer Perspektive in schriftlicher Form auszuarbeiten. Zu danken habe ich außerdem Armin Husemann für den Hinweis auf den Zusammenhang zwischen dem Herzen und dem Zeitenkreuz. Außerdem habe ich meiner Frau Laurence Godard zu danken, die mir durch ihre Arbeit den täglich notwendigen Freiraum für das Schreiben auch dieses Buches verschafft hat.

Im Anhang sind einige Texte Rudolf Steiners zusammengestellt, anhand derer man die Inhalte und Anregungen des Buches noch weiter vertiefen kann.

Montpellier, Johanni 2018 *Andreas Neider*

I. Das Schicksal des Denkens

Das unbeobachtete Denken

Um verstehen zu können, warum die Anthroposophie Rudolf Steiners dem *Denken mit dem Herzen* einen so hohen und zentralen Stellenwert beimisst, müssen wir uns zunächst mit dem Denken selbst beschäftigen.

«Das ist die eigentümliche Natur des Denkens, dass der Denkende das Denken vergisst, während er es ausübt. Nicht das Denken beschäftigt ihn, sondern der Gegenstand des Denkens, den er beobachtet.

Die erste Beobachtung, die wir über das Denken machen, ist also die, dass es das unbeobachtete Element unseres gewöhnlichen Geisteslebens ist.»[11]

Wir denken zwar den ganzen Tag hindurch, sind uns aber der Tätigkeit, die wir dabei ausüben, nicht bewusst. Dennoch haben wir aber bei allem, was wir denken, immer den Eindruck, dass wir es selbst erzeugen, dass wir also der Hervorbringer der Gedanken sind, auch wenn wir uns des Hervorbringens selbst gar nicht bewusst werden.

Woher also kommen dann die Gedanken, oder anders ausgedrückt: Wo liegen die Quellen des Denkens?[12] Zur Beantwortung dieser Frage müssen wir als Erstes anfangen, das Denken selbst zu beobachten, zum Beispiel bei der Erfassung eines mathematischen Beweises. Nehmen wir beispielsweise den Beweis der Winkelsumme im Dreieck. Diese ist bekanntlich 180 Grad. Aber wodurch lässt sich das beweisen? Nur durch unser Denken und ein konsequentes Verfolgen der Gedanken. Der Beweis geht dabei von bestimmten Voraussetzungen aus, ohne die er nicht durchführbar wäre. So zum Beispiel die, dass eine Gerade die direkteste Verbindung zweier Punkte ist und dass daher ein über einer Geraden liegender Winkel 180 Grad beträgt.

Wir zeichnen nun an der Spitze eines von uns gewählten Dreiecks eine waagerechte parallele Gerade zur Basis des Dreiecks.

Dabei bilden sich sowohl an der oberen wie an der unteren Geraden jeweils zwei Winkel, die einander entsprechen. Wir bezeichnen die drei Winkel unseres Dreiecks mit α, β und γ, die beiden oben an der Parallele entstehenden Winkel als α' und β'. Da eine weitere unserer Voraussetzungen die ist, dass sich die an

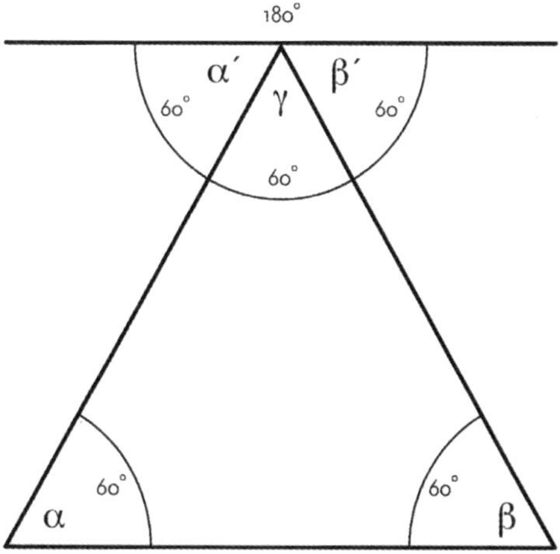

Parallelen gegenüberliegenden Winkel «spiegeln» und sich daher entsprechen, ergibt sich daraus:

1. α' und β' ergeben an der oberen Parallelen zusammen mit γ die Summe von 180 Grad.
2. Da sich die an den beiden Parallelen entstehenden Winkel $\alpha' = \alpha$, $\beta' = \beta$ entsprechen, ergibt sich somit:
3. Da α', β' und γ zusammen 180 Grad ergeben, müssen somit α, β und γ zusammen ebenfalls 180 Grad als Winkelsumme des Dreiecks ergeben: α', β' und γ = α; β und γ = 180 Grad.

Diese gedankliche Ableitung ergibt sich aber nur dann, wenn wir den entscheidenden Gedanken, nämlich die Identität der Winkelsumme von α, β

und γ mit der Winkelsumme von α', β' und γ einsehen. Diese Einsicht nennen wir intuitiv, weil sie sich blitzartig ergibt und uns in ihrer totalen Transparenz evident erscheint.

Dieses intuitive Erleben von Transparenz und Evidenz im Denken zeigt nun aber zugleich, dass wir zwar einerseits die zu einem solchen Beweis führenden Gedanken selbst hervorbringen müssen, dass aber ihr Inhalt von uns andererseits vollkommen unabhängig ist. Woher aber stammt dann dieser Inhalt? Woher stammen die Gesetzmäßigkeiten, die wir in unserem Denken zwar hervorbringen müssen, die jedoch keinesfalls unserem Kopf entsprungen sein können?

Auf diese Frage nun hatten die Menschen früherer Zeitalter durchaus andere Antworten, als sie unsere heutige Philosophie, die sich überwiegend an den Neurowissenschaften orientiert, geben würde. Diese heutige, materialistisch orientierte Philosophie übergeht den Unterschied zwischen unserer Denktätigkeit und dem von uns selbst unabhängigen Denkinhalt, und schreibt beides der Gehirntätigkeit zu.[13]

Frühere Zeitalter hingegen bezeichneten den Denkinhalt, also die Begriffe, mit denen wir denken, als «Universalien» oder schlichtweg als «Intelligenz» und brachten deren Entstehung im Bewusstsein des Menschen nicht mit einer Eigentätigkeit, sondern mit den nicht sinnlich wahrnehmbaren, tätigen «Intelligenzen» in Beziehung:

«Vorher hatte man von der Seele eine imaginative Vorstellung. Man sah ihr Wesen nicht im Gedankenbilden, sondern in ihrem Teilhaben an dem geistigen Inhalt der Welt. Die übersinnlichen geistigen Wesen dachte man denkend; und sie wirken in den Menschen hinein; sie denken auch in ihn hinein. Was so von der übersinnlichen geistigen Welt im Menschen lebt, das empfand man als Seele.»[14]

Das diese Intelligenzen oder Engel[15] leitende Wesen empfanden die Menschen noch bis ins Mittelalter hinein als eine Wesenheit, der die jüdisch-christliche Tradition den Namen «Michael» gegeben hat. Diese Wesenheit wurde in anderen Traditionen, etwa in Griechenland, als Apollon bezeichnet, in östlichen Traditionen, etwa in Indien, als Krishna, usw.[16]

«In alten Lehren hat man die Macht, aus der die Gedanken der Dinge erfließen, mit dem Namen

Michael bezeichnet. Der Name kann beibehalten werden. Dann kann man sagen: Die Menschen empfingen einst von Michael die Gedanken. Michael verwaltete die kosmische Intelligenz. Vom neunten Jahrhundert an verspürten die Menschen nicht mehr, dass ihnen Michael die Gedanken inspiriert. Sie waren seiner Herrschaft entfallen; sie fielen aus der geistigen Welt in die individuellen Menschenseelen.»[17]

So beschreibt Rudolf Steiner die Seelenverfassung der Menschen in einer vormodernen Epoche. Diese aber hatte zur Folge, dass sich der Mensch in ganz anderer Weise mit den Dingen verbunden erlebte. Die Gedanken wurden nicht im Kopf entstehend erlebt, sondern draußen in den Dingen der Sinneswelt, da lebten sie, da wurden sie mit den Sinneseindrücken zusammen wahrgenommen. Mithin waren Denken und Wahrnehmen gar nicht getrennt. Wohl aber ging es darum, die Dinge in richtiger Weise wahrzunehmen, das heißt aber, wie wir weiter unten noch sehen werden, *mit dem Herzen*.

Welche Folge aber musste es dann haben, dass die Gedankentätigkeit von den Engelwesen an die Menschen überging? Sobald die Menschen anfingen, sich selbst als Urheber der Gedanken zu erleben, entstand damit die Frage, ob der Inhalt der Gedanken vom Menschen hervorgebracht wird, oder ob dieser Inhalt einen göttlichen Ursprung hat. Diese Frage war im Mittelalter eine heiß umkämpfte und führte zu dem berühmten Streit der Nominalisten mit den Realisten. Die Nominalisten waren nämlich der Auffassung, dass die Inhalte der Gedanken lediglich «Namen» seien, die die Menschen den Dingen beilegen, während die Realisten die Ansicht vertraten, dass die Gedanken zwar vom Menschen erzeugt, ihr Inhalt jedoch «real» zu nehmen sei.[18]

Daher sprachen die Realisten nicht von «Namen», sondern von «Universalien» und teilten diese in drei Kategorien ein:

- Universalia ante rem: Das sind die Gedanken der himmlischen Wesen oder der Engel «vor der Erschaffung der Dinge».
- Universalia in re: Das sind die Gedanken, die in den Dingen wirksam sind und sie dadurch zur Erscheinung bringen.
- Universalia post rem: Das sind die Gedanken, die wir als Menschen durch unser Denken aus den Dingen abziehen, d.h. abstrahieren.

Die Nominalisten hingegen leugneten den göttlichen Ursprung der Gedanken und legten damit die entscheidende Grundlage für den durch die modernen Naturwissenschaften entstehenden Materialismus.[19]

Die oben beschriebene Übung jedoch kann uns

deutlich werden lassen, dass der intuitiv erlebte Gedankeninhalt nicht von uns selbst erzeugt, sondern durch die Gedankentätigkeit lediglich in unserem Bewusstsein zur Erscheinung gebracht wird.

Die intuitive Erfahrung des Denkens

Im Bewusstsein des Menschen erscheint durch sein Denken somit der geistige Gehalt der Welt. Er wird aus der Sphäre des Lebens, in der er sich in den Dingen als Gesetzmäßigkeit wirksam zeigt, ins Bewusstsein des Menschen gehoben. Aber wozu?

«Es ist die im Menschen stattfindende Gedankenbildung ein Fortschritt in der menschlichen Selbsterkenntnis. Im Übersinnlichen angeschaut, stellt sich die Sache so dar: Die geistigen Mächte, die man mit dem Michael-Namen bezeichnen kann, verwalteten im geistigen Kosmos die Ideen. Der Mensch erlebte diese Ideen, indem er mit seiner Seele an dem Leben der Michael-Welt teilnahm. Dieses Erleben ist nun sein eigenes geworden. Dadurch ist eine zeitweilige Trennung des Menschen von der Michael-Welt eingetreten. Mit den inspirierten Gedanken der Vorzeit empfing der Mensch zugleich die geistigen Weltinhalte. Indem diese Inspiration aufhörte und der Mensch in eigener Tätigkeit die Gedanken bildet, ist er auf die Anschauung der Sinne verwiesen, um für diese Gedanken einen Inhalt zu haben. So musste der Mensch zunächst die errungene eigene Geistigkeit mit materiellem Inhalt erfüllen. Er fiel in die materialistische Anschauung in dem Zeitalter, das sein eigenes geistiges Wesen auf eine Stufe brachte, die höher ist als die vorangehenden.

Das kann leicht verkannt werden; man kann den ‹Fall› in den Materialismus nur allein beachten, und dann über ihn traurig sein. Aber während das Anschauen dieses Zeitalters sich auf die äußere physische Welt beschränken musste, entfaltete sich im Innern der Seele eine gereinigte, in sich selbst bestehende Geistigkeit des Menschen als Erleben. Diese Geistigkeit muss nun im Michael-Zeitalter nicht mehr unbewusstes Erleben bleiben, sondern sich ihrer Eigenart bewusst werden. Das bedeutet den Eintritt der Michael-Wesenheit in die menschliche Seele.»[20]

Die an der Sinneswelt entfaltete gedankliche Tätigkeit bedeutet für den Menschen einen geistigen Fortschritt, weil er sich dadurch seiner eigenen Geistigkeit bewusst werden kann. Daher ist die oben beschriebene Beobachtung des eigenen Denkens so entscheidend für unser heutiges Bewusstsein, denn an ihr wird sich der Denkende nicht nur der intuitiv erlebten Denkinhalte bewusst, sondern zugleich seiner eigenen geistigen Natur. Denn nur ein geistiges Wesen ist in der Lage, geistige Inhalte intuitiv zu erfahren.

So wie unsere Augen durch das Licht für das Licht gebildet wurden, so ist unser Denken durch den Geist für dessen Wahrnehmung geschaffen worden. Intuitiv erlebtes Denken ist also die erste Form einer geistigen und mithin übersinnlichen Wahrnehmung. Damit aber tritt der Mensch zugleich wieder in Beziehung zu jener Wesenheit, die wir als die eigentliche Quelle des Denkens identifiziert haben.

Wie unterscheidet sich nun aber ein solches intuitiv erlebtes Denken von unserem gewöhnlichen Verstandes- oder Kopfdenken? Dieses zeichnet sich, wie wir oben gesehen haben, dadurch aus, dass wir es nicht wahrnehmen, sondern uns ganz auf die durch die Sinneswahrnehmung gegebenen Inhalte fixieren. Wir denken *nach* – das heißt, den Dingen hinterher. Sie erscheinen uns außerhalb unseres Denkens als gegeben und die durch das Denken erzeugten Begriffe sind nur *Namen*, die wir den Dingen hinzufügen.

Durch das intuitive Erleben des Denkens aber verbinden wir uns mit dem *Leben*, mit dem Leben, das die Dinge zur Erscheinung gebracht hat, zusammen mit der in ihnen wirksamen Gesetzmäßigkeit. Das heißt, wir erleben uns in dem Element, aus dem die Dinge geschöpft sind, wir beobachten gewissermaßen den Schöpfungsvorgang selbst und stehen den Dingen nicht mehr getrennt und äußerlich gegenüber, sondern wir erleben sie sozusagen *von innen.*

Dieses *Innen-Erleben* im Denken, das Erleben der Dinge nicht mehr von außen, sondern von innen, nennt Rudolf Steiner *Herzdenken* und verbindet damit zugleich eine gewisse *Unmittelbarkeit*, die mit dem intuitiven Erleben des Denkens einhergeht.[21]

Kehren wir nun zu unserem Anfangsbeispiel zurück. Dieses war ja zunächst bewusst einfach gewählt, aus dem Gebiet der Geometrie, also nicht aus der Sinneswelt.[22] Wie lässt sich nun aber das hier entwickelte *Herzdenken* an der Sinneswelt entwickeln? Dieser Frage werden wir im weiteren Verlauf genauer nachgehen und dann durch die Übungen im zweiten Teil versuchen, konkret zu beantworten.

Im Folgenden gehen wir nun aber zunächst der Frage nach, wie sich das Kopfdenken in unserer Zeit weiterentwickelt hat und welche Rolle in diesem Zusammenhang die Entstehung der *künstlichen Intelligenz* spielt.

II. Wenn Maschinen beginnen, Gedanken zu haben – Die Entwicklung der künstlichen Intelligenz

Wir haben in Kapitel I gesehen, dass wir beim Denken zwei Dinge unterscheiden müssen, nämlich erstens die Denktätigkeit und zweitens den Denkinhalt. Und wir haben gesehen, wie ein bereits im Mittelalter entstehender Nominalismus zu der Auffassung gekommen ist, dass aufgrund der Tatsache, dass wir uns selbst – und heute wird dieses «Selbst» üblicherweise mit unserem Gehirn gleichgesetzt – als Erzeuger der Gedanken erleben, und auch der Inhalt von uns, das heißt, von unserem Gehirn erzeugt wird. Folglich besteht aber zwischen diesem Denkinhalt und den Dingen, auf die er sich bezieht, nur eine äußere, aber keine innere, wesenhafte Beziehung mehr. Durch unser Denken geben wir den Dingen nur einen Namen, wir benennen sie in der Art, wie es den Strukturen unseres Gehirns entspricht.

Francis Bacon: «Wissen ist Macht»

Aus dieser materialistischen Auffassung des Denkens ist seit Beginn des materialistischen Zeitalters die gesamte naturwissenschaftlich-technische Entwicklung hervorgegangen. Am deutlichsten hat sich in dieser Hinsicht der wohl bis heute wirkmächtigste Philosoph und Naturwissenschaftler der Neuzeit, nämlich *Francis Bacon* (1561–1626) geäußert, indem er in seinem *Novum organum* das Ziel alles Wissens in der Beherrschung und Nutzbarmachung der Natur gesehen hat: «Wissen ist Macht» war daher sein berühmt berüchtigtes Motto.

Das heißt, dass durch die moderne Naturwissenschaft das Denken nicht mehr als Ausdruck geistiger, vom Menschen unabhängiger Wesenheiten oder Intelligenzen erlebt wird, sondern eben als ein dem Menschen gegebenes Instrument, mit dessen Hilfe er sich die Natur zunutze machen und durch menschliche Erfindungsgabe in technischer Weise verwertbar machen kann. Diese Entwicklung führte im 20. Jahrhundert schließlich dazu, das nun immer weiter erforschte «Instrument» des menschlichen Denkens, nämlich das Gehirn, als Vorbild für neue Technologien, den sogenannten Informationstechnologien, zu nutzen. So gelang es in den 40er- und 50er-Jahren des 20. Jahrhunderts dem ungarischen Mathematiker *John von Neumann* (1903–1957), der entscheidend am Bau der ersten Atombombe während des sogenannten «Manhattan Project» beteiligt war,[23] die Funktionsweise des menschlichen Gehirns auf Maschinen zu übertragen:

«Beim Entwurf der Maschine versuchten John und seine Mitarbeiter, einige der bekannten Vorgänge im lebenden Gehirn zu imitieren. Dieser Aspekt veranlasste ihn, sich mit Neurologie zu beschäftigen [...] und endlich Vorträge über die Möglichkeiten zu halten, ein stark vereinfachtes Modell des lebenden Gehirns für von Menschen zu bauende Maschinen zu kopieren.»[24]

Damit aber wurde die Ablösung des Gedankeninhaltes von seinem Ursprung, der «kosmischen Intelligenz», die ursprünglich im menschlichen Denken als von einem geistigen Wesen ausgehend empfunden wurde, nicht nur dem Empfinden nach, sondern nun auch in praktischer Hinsicht, so wie es Francis Bacon projektiert hatte, vollzogen.

Die Erschaffung einer vom Menschen losgelösten, künstlichen Intelligenz

Ein sich seines eigenen Ursprunges nicht bewusstes, weil unbeobachtetes Denken führte im 20. Jahrhundert zu dessen vollständiger Ablösung von seinem menschlichen Träger und wurde nun von Maschinen immer weiter perfektioniert. Bis schließlich zu Beginn des 21. Jahrhunderts die Bewegung des *Transhumanismus* darin die Möglichkeit entdeckte, die menschliche Intelligenz durch eine *künstliche Intelligenz* nicht mehr nur zu verbessern, sondern letztlich vollständig zu ersetzen. Einmal begonnen, meint man nun, die von ihrem geistigen Ursprung losgelöste Intelligenz auf technologische Weise immer mehr «vervollkommnen» zu können.

Zunächst geschah dies im 20. Jahrhundert dadurch, dass man die im menschlichen Gehirn vorgefundenen, sogenannten «neuronalen Netze» durch die Vernetzung der zunächst unabhängig voneinander operierenden Rechenzentren imitierte, womit die Grundlagen für das sich seither immer weiterentwickelnde Internet gelegt waren. Damit aber nicht genug. Zwei Pioniere der Internettechnologie, *Larry Page* und *Sergej Brin,* begründeten in den 90er-Jahren des 20. Jahrhunderts mit ihrer Suchmaschine *Google* ein gigantisches Unternehmen, das sich rasch zu einem der weltweit mächtigsten Unternehmen überhaupt entwickelt hat. Die dieser Suchmaschine zugrunde liegenden Rechenformeln, die sogenannten *Algorithmen,* haben nämlich die Eigenschaft, sich durch die Ansammlung von immer mehr Daten zu verändern und den immer größer werdenden Datenmengen anzupassen, was im Prinzip der menschlichen Fähigkeit des Lernens in gewisser Weise sehr nahe kommt. Dadurch entstehen nun «selbst lernende» Maschinen, die den Menschen auch in dieser Beziehung baldmöglichst übertreffen sollen.

Das Grundprinzip aller dieser Entwicklungen aber ist eben das von Francis Bacon bereits formulierte Ziel aller Naturwissenschaften: das Prinzip der *Effektivität und Nützlichkeit*. Das aber bedeutet vor allem *Beschleunigung*. Es geht deshalb bei allen Computertechnologien immer um die Beschleunigung und um die Vermehrung von Wissen, denn: *Wissen ist Macht!*

Darauf beruht nicht nur das Geschäftsprinzip von *Google*, sondern auch die seither sich immer weiter ausbreitende Überzeugung, dass die menschliche Intelligenz durch Maschinen nicht nur verbessert und weiterentwickelt, sondern letztlich komplett ersetzt werden kann. So formuliert der Chefdenker von

Google, Ray Kurzweil in Fortsetzung der Überlegungen von John von Neumann:

«Letztendlich werden wir die Vorgänge, die hinter der Gesamtheit unseres Denkens stehen, völlig ergründen – und mit diesem Wissen wird uns ein mächtiges Werkzeug für die Entwicklung intelligenter Software an die Hand gegeben. Wir werden die Methoden des Gehirns anpassen, verbessern und erweitern, indem wir sie auf Computer übertragen, die weit leistungsfähiger sind als die elektrochemische Arbeitsweise biologischer neuronaler Netze.»[25]

Kurzweils transhumanistische Überzeugungen beruhen auf einer vom menschlichen Geist und dem geistigen Ursprung seines Denkens losgelösten, rein materialistischen Weltsicht, die er selbst im Anschluss an das obige Zitat auch deutlich zum Ausdruck bringt:

«Zudem erlangen wir einen genauen Einblick in unser eigenes Selbst – ein wichtiger Nebeneffekt dieses Großprojektes.»[26]

Was aber ist der Grundcharakter aller Leistungen, die uns die künstliche Intelligenz dieser von Kurzweil projektierten Maschinen bringen wird? Es ist die *Berechenbarkeit.* Nur das, was sich berechnen und kalkulieren lässt, kann von dieser Form der Intelligenz verarbeitet werden. Der von Kurzweil süffisant formulierte «genaue Einblick in unser eigenes Selbst» wird also Einblick geben in ein Selbst, das berechenbar ist, ein berechnendes, rein auf materiellen, biochemischen und elektrischen Prozessen beruhendes Selbst.

Das Wirken Ahrimans

Damit haben wir nicht nur die heute vorherrschende und sich immer weiter ausbreitende Informationstechnologie gekennzeichnet, sondern auch die Art des Denken, die mit diesem verbunden ist. Sie hängt mit jener Wesenheit zusammen, die gewissermaßen der Gegenspieler zu der als Ursprung und Quelle unseres Denkens oben gekennzeichneten Wesenheit des *Michael* ist, und die Rudolf Steiner als *Ahriman* bezeichnet hat. Ihr Kennzeichen ist das der *Loslösung* der Intelligenz von ihrem Ursprung:

«Dieses Wesen hat sich seit langem aus der Entwickelungsströmung losgelöst, der die gekennzeichneten göttlich-geistigen Mächte angehören. Es hat sich in urferner Vergangenheit als selbstständige kosmische Macht neben diese hingestellt. – Nun steht es in der Gegenwart zwar räumlich in der Welt darinnen, der der Mensch angehört, aber es entwickelt mit den rechtmäßig dieser Welt angehörenden Wesen keinen Kräftezusammenhang. Nur da die Intellektualität, von den göttlich-geistigen Wesen losgelöst, an diese Welt herankommt, findet Ahriman sich mit dieser Intellektualität so verwandt, dass er sich auf seine Art durch sie mit der Menschheit verbinden kann. Denn er hat, was der Mensch in der Gegenwart wie eine Gabe aus dem Kosmos erhält, schon in urferner Zeit mit sich vereinigt. Ahriman würde, wenn ihm gelänge, was in seiner Absicht liegt, den der Menschheit gegebenen Intellekt ähnlich seinem eigenen machen. – Nun hat Ahriman sich die Intellektualität in einer Zeit angeeignet, als er sie nicht in sich verinnerlichen konnte. Sie blieb eine Kraft in seinem Wesen, die mit Herz und Seele nichts zu tun hat. Als kalt-frostiger, seelenloser kosmischer Impuls strömt von Ahriman die Intellektualität aus. Und die Menschen, die von diesem Impuls ergriffen werden, entwickeln eine Logik, die in erbarmungs- und liebeloser Art für sich selbst zu sprechen scheint – in Wahrheit spricht eben Ahriman in ihr –, bei der sich nichts zeigt, was rechtes, inneres, herzlich-seelisches Verbundensein des Menschen ist mit dem, was er denkt, spricht, tut.»[27]

Kurzweil formuliert dementsprechend:

«Unseren Möglichkeiten, die Arbeitsweise menschlicher Intelligenz nachzuvollziehen und auf immer besseren Berechnungsmedien der kommenden Jahrzehnte zu übertragen, sind keine Grenzen gesetzt. [...] Das Preis-Leistungs-Verhältnis von Berechnung verdoppelt sich jährlich. Wie wir gesehen haben, wird die für eine Emulation menschlicher Intelligenz nötige Rechenleistung in weniger als zwanzig Jahren [das wurde 2005 formuliert] verfügbar sein.»[28]

Machen wir uns im Hinblick auf den Menschen klar, was hiermit geschehen ist. Das Denken hat sich von seinem geistigen Ursprung abgelöst und wird vom Menschen nur noch als vom Kopf, also dem Gehirn ausgehend empfunden. Der Kopf aber hat auch physiologisch gesehen eine aus dem übrigen Organismus herausragende Stellung. Schon rein äußerlich zeigt er sich quasi wie auf dem Rumpf des Menschen «thronend», ist für sich selbst genommen aber lebensunfähig. Rudolf Steiner sieht den Kopforganismus daher als Gegenpol zum Stoffwechselorganismus, der den ganzen Organismus belebt, während der mittlere oder rhythmische Organismus mit dem Herzen als Zentrum den Ausgleich herstellt zwischen dem Leben verzehrenden Nerven-Sinnes-System und dem Leben erzeugenden Stoffwechselsystem.

Ein Denken, das nur vom Kopf ausgeht, steht mithin immer in der Gefahr, unbelebt, tot und losgelöst von der eigentlichen Lebenswirklichkeit zu sein.

Dass sich das menschliche Denken im Laufe der letzten fünf Jahrhunderte immer mehr in den Kopf zurückgezogen hat, ist nun die Voraussetzung dafür, dass die oben gekennzeichnete ahrimanische Macht sich dieses Denkens bemächtigen kann. Dadurch muss alles menschliche Denken, das ausschließlich vom Kopf ausgeht, in den Wirkungsbereich Ahrimans geraten, weil seine aus dem Kosmos herausgelöste Wesenheit genau dieser Art des Kopfdenkens, nämlich sich aus dem kosmischen Zusammenhang herauszulösen, entspricht.

Dieser Grundcharakter des von Ahriman beherrschten Kopfdenkens wird jedoch aufgrund der alltäglichen Unbeobachtetheit des Denkens nicht bemerkt. Vielmehr sprechen gerade die Apostel des Transhumanismus und der Internettechnologien von den Vorzügen eines «vernetzten Denkens». Damit aber ist bei genauerem Hinsehen immer nur ein Denken gemeint, das effektiver, schneller und nutzbringender, um nicht zu sagen, gewinnmaximierender ist.

Die «sozialen Netzwerke»: Kommunikation ohne Herz

Schlimmer noch sind die Effekte, die sich durch die sogenannten *sozialen Netzwerke* ergeben. Denn die sich aus diesen entwickelnde *vernetzte Kommunikation* ist keinesfalls eine, im Sinne des in Kapitel I entwickelten Prinzips des intuitiven Denkens vertiefte, vom Herzen ausgehende Form der Kommunikation, sondern im Gegenteil, eine zwar effektivere, dafür aber beschleunigte und mithin zwangsweise oberflächliche und daher *kalte* Form der Kommunikation. Abgesehen davon führt das mit den sozialen Netzwerken verbundene Problem der Datensicherung dazu, dass die hinter den sozialen Netzwerken stehenden Internetgiganten wie *Facebook* und *Google* die Daten der Nutzer für die Ansammlung von immer mehr Wissen gnadenlos ausnutzen. Denn hier gilt das Prinzip Bacons in erhöhtem Maße: *Wissen ist Macht!*[29]

Und mit Macht ist hier nun auch reale politische Macht gemeint: Denn nicht nur der derzeitige amerikanische Präsident *Donald Trump,* sondern fast alle politischen Kreise bis hin zu terroristischen Organisationen, insbesondere aber das extrem rechte

Spektrum, nutzen die sozialen Netzwerke gezielt, um durch sogenannte *Fake News,* also gezielt lancierte Falschmeldungen, große Massen im Sinne politischer Propaganda negativ zu beeinflussen, das heißt, gezielt Angst zu verbreiten, Hass gegen anders Denkende zu schüren usw.

Die schöpferische, nicht berechenbare, nicht auf Effektivität und materiellen Nutzen, sondern auf das Verstehen innerer, wesenhafter Zusammenhänge des Menschen und der Natur ausgerichtete Art des Denkens, wie wir sie in Kapitel I bereits charakterisiert haben, ist den meisten, vom Kopfdenken beherrschten und durch die sozialen Medien zusätzlich negativ beeinflussten Menschen vollkommen fremd. Sie empfinden das, was sie mit ihrem Denken erzeugen, als von ihrem Kopf hervorgebracht und mithin über alles andere in der Welt erhaben. Diese Kopfhaltung wird durch die sozialen Medien nicht etwa aufgehoben, sondern im Gegenteil noch verschärft, weil die durch die künstliche Intelligenz erzeugten Netzwerke genau diesen Kopfcharakter, das heißt, den von der eigentlichen Realität abgelösten Charakter der Kopfintelligenz nun zusätzlich noch verstärken.

Ein Denken mit dem Herzen jedoch, wie wir es mit diesem Buch anregen wollen, empfindet sich nicht als losgelöst von der Welt, sondern mit der Welt inniglich verbunden. Dementsprechend beschreibt Rudolf Steiner auch das Wesen Michaels:

«Michael hat sich die Intellektualität aber nie angeeignet. Er verwaltet sie als göttlich-geistige Kraft, indem er sich verbunden fühlt mit den göttlich-geistigen Mächten. Dadurch zeigt sich auch, indem er die Intellektualität durchdringt, in dieser die Möglichkeit, ein Ausdruck des Herzens, der Seele ebenso gut zu sein wie ein solcher des Kopfes, des Geistes. Denn Michael trägt in sich alle die Ursprungskräfte seiner Götter und der des Menschen. Dadurch überträgt er auf die Intellektualität nichts Kalt-Frostiges, Seelenloses, sondern er steht bei ihr in warm-inniger, seelenvoller Art.»[30]

In diesem Sinne wollen wir nun im folgenden Kapitel zunächst das Organ des Herzens in seiner Funktion im menschlichen Organismus genauer untersuchen, um danach auf die älteren, sowohl westlichen wie östlichen Formen einer Wahrnehmung mit dem Herzen genauer einzugehen.

III. Die Physiologie des menschlichen Herzens und das Zeitenkreuz – Östliche und westliche Spiritualität des Herzens

Das Herz ist keine Pumpe

Nun wollen wir uns zunächst einen kurzen Überblick über die Physiologie des menschlichen Herzens aus anthroposophischer Sicht verschaffen. Denn Rudolf Steiner hat die Funktion des Herzens deutlich anders wahrgenommen als die heutige Medizin, die das Herz als eine Pumpe betrachtet, durch die das Blut im Körper bewegt wird. Steiner betrachtet das Herz dagegen als eine Art Wahrnehmungsorgan:

«Letzten Endes ist das Herz nämlich ein Sinnesorgan. Und wenn wir auch dasjenige, was die Sinnestätigkeit des Herzens ist, nicht unmittelbar im Bewusstsein haben, wenn es auch zu den unterbewussten Sinnestätigkeiten gehört, was im Herzen vorgeht, so ist deshalb doch das Herz dazu da, dass gewissermaßen die oberen Tätigkeiten wahrnehmen, empfinden können die unteren Tätigkeiten des Menschen.»[31]

Dazu schreibt Michaela Glöckler, die langjährige Leiterin der medizinischen Sektion am Goetheanum:

«Das Herz kann durch seine rhythmische Tätigkeit harmonisierend und ausgleichend wirken, es kann vermitteln zwischen dem oberen Pol mit der Sinnessphäre und der Atmung und dem unteren Pol mit Stoffwechsel und Blutbildung.»[32]

Das Herz vermittelt also den Blutkreislauf des oberen und des unteren Menschen. Der obere Mensch ist durch die Atmung und den Sinnesorganismus der Außenwelt zugewandt, der untere Mensch dagegen ist mit den inneren Organen ganz nach innen gerichtet. Sodass das Herz also zwischen Außenwelt und Innenwelt eine Mittelstellung einnimmt. Das ist aber nur die eine Seite der Herzfunktion.

Gleichzeitig haben wir noch eine andere Polarität, die das Herz vermitteln muss, nämlich die zwischen einem sauerstoffarmen, einem gewissermaßen altgewordenen oder verbrauchten Blut, dem venösen Blut also, und dem sauerstoffreichen, jungen und noch unverbrauchten arteriellen Blut.

Sodass wir nun ein Kreuz zeichnen können, das so aussieht:

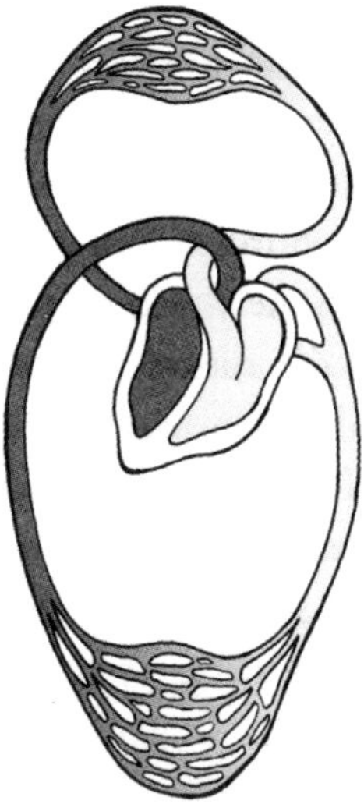

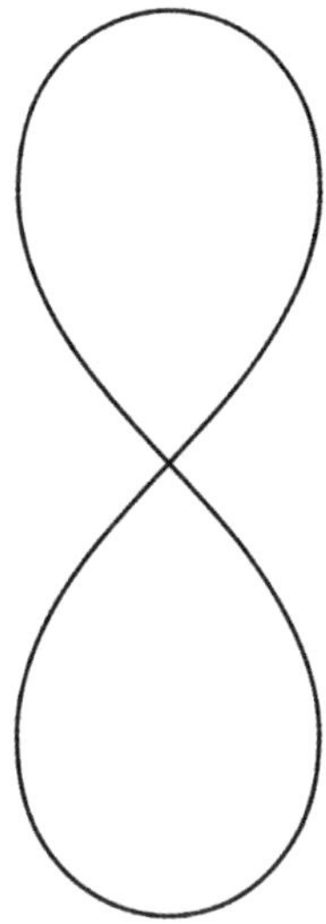

Hier sehen wir die vier räumlich zeitlichen Dimensionen des Herzens auf einer physiologischen Ebene:

- Die räumliche Dimension des Herzens als Vermittler zwischen dem nach außen gerichteten oberen Menschen und dem zu ihm gehörenden oberen Blutkreislauf und dem nach innen gerichteten unteren Blutkreislauf des unteren Menschen.

– Die zeitliche Dimension zwischen dem aus der Vergangenheit stammenden, sauerstoffarmen, verbrauchten venösen Blut und dem gewissermaßen aus der Zukunft kommenden, noch unverbrauchten, sauerstoffreichen arteriellen Blut.

Und indem das Herz diese vier Dimensionen zueinander in Beziehung bringt, ist es nicht nur Wahrnehmungsorgan, sondern zugleich ein Gleichgewichtsorgan. Es muss räumlich zwischen Innen und Außen und zeitlich zwischen Vergangenheit und Zukunft den Ausgleich herstellen. Und das tut es durch seinen sich ständig leicht verändernden, beweglichen Rhythmus, der keinesfalls der Rhythmus einer Pumpe, sondern eben ein in sich beweglicher Rhythmus ist. Dadurch aber wird das Herz, das physiologisch im Zentrum des oben beschriebenen Kreuzes steht, zum Ausdruck von *Gegenwart* schlechthin. In der Schnittstelle dieses Kreuzes lebt das, was wir als den gegenwärtigen Augenblick, als das *Jetzt* empfinden. Das Herz ist somit unser *Gegenwartsorgan.*

Die Bewegung des Herzens

Wodurch aber kommt der Rhythmus des Herzens zustande, wodurch wird das Herz bewegt, wenn es nicht selbst der Beweger ist? Mit dieser Frage haben sich bereits Aristoteles und nach ihm Thomas von Aquin beschäftigt, und Rudolf Steiner vertritt hier deutlich verwandte Ansichten, wenn er bemerkt:[33]

«Die mechanisch-materialistische Lebenslehre sieht in dem Herzen eine Art Pumpvorrichtung, welche das Blut in regelmäßiger Art durch den Leib treibt. Da ist das Herz die Ursache der Blutbewegung. Die geisteswissenschaftliche Erkenntnis zeigt etwas ganz anderes. Ihr ist das Pulsieren des Blutes, seine ganze innere Beweglichkeit, Ausdruck und Wirkung der Seelenvorgänge. Seelisches ist die Ursache davon, wie sich das Blut verhält. Das Erbleichen durch Angstgefühle, das Erröten unter dem Einfluss von Schamempfindungen sind grobe Wirkungen von Seelenvorgängen im Blute. Aber alles, was im Blute vorgeht, ist nur der Ausdruck dessen, was im Seelenleben vor sich geht. Der Zusammenhang zwischen Blutpulsation und Seelenimpulsen ist nur ein sehr geheimnistiefer. Und nicht die Ursache, sondern die Folgen der Blutpulsation sind die Bewegungen des Herzens.»[34]

Steiner deutet also die Bewegung des Herzens als Äußerung der Beseelung des menschlichen Leibes. Anthroposophisch gesprochen ist das Seelische der Ausdruck des Astralleibes, der mithin der Träger der Bewegung im menschlichen Organismus ist. Durch die Verbindung von Seele und Leib des Menschen wird also das Blut in Bewegung gesetzt.

Überall, wo wir Seelisches wahrnehmen, tritt sofort auch Bewegung in Erscheinung. Wir erkennen zum Beispiel ein am Boden liegendes unbekanntes Objekt sofort als einen tierischen Organismus daran, dass es sich bewegt. Bewegung ist ein Prinzip des Seelischen. Beim Menschen (und bei allen Säugetieren) tritt dieses Bewegungsprinzip nun auch innerlich in Erscheinung. Wodurch? Eine nicht räumliche Entität, die Seele, greift in ein räumliches Geschehen, den Blutkreislauf, ein und bringt diesen dadurch in Bewegung. Dadurch wiederum wird sein Ausgleichs- und Gleichgewichtsorgan, das Herz, bewegt. Wie aber kann ein nicht räumliches Wesen wie die Seele, also der Astralleib, in einen räumlichen Vorgang des physischen Leibes überhaupt eingreifen?

Der Ätherleib als «Zeitleib»

Dazu braucht es ein Bindeglied, ein weiteres Wesensglied,[35] nämlich den Ätherleib, den wir auch als *Zeitleib* bezeichnen können. Denn jedes geistig-seelische *Wesen* kann nur dadurch räumlich in Erscheinung treten, dass es in der Zeit erscheint, das heißt, nach und nach und immer wieder.[36] Wie aber nennen wir ein solches «nach und nach und immer wieder»? Hier sehen wir die Bedeutung dessen, was wir als *Rhythmus* bezeichnen. Das Seelische tritt mithilfe des Ätherleibes nicht nur als ein bewegendes Prinzip, sondern zugleich als ein *rhythmisches Prinzip* in Erscheinung. Physiologisch aber kommt diese Verbindung des Seelischen mit dem Physischen mithilfe des Rhythmischen dadurch zum Ausdruck, dass wir in der Luft atmende Wesen sind. Durch die Verbindung der Atmung mit dem Blutkreislauf kommt dessen *rhythmische* Bewegung zustande, wobei die Bewegung des Blutes selbst aber in innigem Zusammenhang mit dem übrigen Flüssigkeitshaushalt unseres Organismus steht.[37]

Rudolf Steiner hat diesen geheimnisvollen Zusammenhang von Atmung, Lunge und Herz auch in mantrischer Form zum Ausdruck gebracht:

> Menschenseele!
> Du lebest in dem Herzens-Lungen-Schlage,
> Der dich durch den Zeitenrhythmus
> In's eigne Seelenwesensfühlen leitet [...].[38]

Und so ist es das Charakteristische von Herz und Kreislauf, dass alle Bewegungsvorgänge in diesem System rhythmisch, also nicht mechanisch, im Takt, wie eine Maschine verlaufen. Der Astralleib, das Seelische ist der Träger der Bewegung, der Ätherleib der Träger von Rhythmus und Frequenz.

Diese sind daher die entscheidenden Faktoren, die dem Arzt Auskunft über den Zustand des Herzens geben, zugleich aber Einblick in den Zusammenhang mit dem Seelischen vermitteln. So werden Herzfrequenz und Herzrhythmus bei einem zum Beispiel durch Stress seelisch stark in Mitleidenschaft gezogenen Menschen mehr oder weniger unrhythmisch, das heißt, ungesund aussehen, während sie bei einem seelisch ausgeglichenen und entspannten Menschen ausgeglichen und harmonisch erscheinen.[39]

Das Herz als Gleichgewichtsorgan – leiblich und seelisch

Wir sehen ja den engen Zusammenhang zwischen dem Seelischen des Menschen und der Herzfunktion sprachlich darin, dass wir sagen: «Sie (oder er) nimmt sich das alles sehr zu Herzen; er (oder sie) leidet an einem gebrochenen Herzen» usw. Wir werden im nächsten Kapitel daher auch zeigen, wie nicht nur das Herz, sondern der ganze Mensch in ein solches Kreuz wie das Herz hineingestellt werden kann. Auf weitere Details der Physiologie des Herzens wollen wir an dieser Stelle nicht mehr eingehen, da uns das bisher Dargestellte für unseren Zusammenhang genügt.[40]

Die physiologischen Funktionen des Herzens aber sind uns, zum Glück, unbewusst, das heißt, sie verlaufen unwillkürlich. Eigentümlich aber ist nun das Folgende: Alle Muskeln, die unbewusst arbeiten, wie etwa die Darmmuskulatur, sind längsgestreift, alle Muskeln aber, die wir willentlich nutzen, sind quergestreift. Damit hängt auch zusammen, dass nur die Muskeln, die wir bewusst und willentlich nutzen, ermüden, während die Darmmuskulatur und eben auch der Herzmuskel, den wir unwillkürlich und unbewusst nutzen, nicht ermüden, denn sie arbeiten ja unentwegt und dürfen auch nicht ermüden.

Das Merkwürdige aber ist nun, dass der Herzmuskel, den wir ja eben nicht bewusst und willkürlich benutzen, nun aber dennoch quergestreift ist wie die Muskeln, die wir willentlich nutzen. Rudolf Steiner deutet diese Tatsache so, dass das Herz ein Organ ist, das sich in der Zukunft der Menschheit noch weiterentwickeln wird, um dann dem Willen des Menschen zugänglich zu sein.[41]

Das bedeutet wiederum, dass das Herz auch hier eine Mittlerfunktion hat, nämlich zwischen den unbewussten Funktionen und Tätigkeiten unseres

Organismus und dem bewussten Teil unseres Organismus. Dem entspricht wiederum seine Mittlerfunktion zwischen dem oberen, bewussten, und dem unteren, unbewussten Menschen.

In diesem Sinne aber wurde – und damit gehen wir nun zu unserer kulturgeschichtlichen Betrachtung über – das Herz in früheren Kulturepochen auch als ein seelisches Wahrnehmungsorgan betrachtet. Sowohl in der östlichen wie in der westlichen Spiritualität taucht das Herz immer wieder als ein Organ auf, mit dem man einen direkten Zugang zu den Dingen und Vorgängen der Welt bekommen kann. Denn es war den Menschen auch ohne die modernen physiologischen Erkenntnisse deutlich, dass das Herz eine Mittelpunktstellung als Gleichgewichts- und Wahrnehmungsorgan im menschlichen Organismus einnimmt.

Das Wahrnehmen mit dem Herzen und das «mono no aware» in der japanischen Spiritualität und Dichtung

Was aber bedeutet ein solches *Wahrnehmen mit dem Herzen*, wenn wir die physiologische Funktion des Herzens dabei in Betracht ziehen?

Es geht darum, wie man sich als Mensch zu einem Geschehen in Beziehung setzt, das heißt, sich seelisch durch etwas *Bewegendes* in *Bewegung* bringen lässt, den *Rhythmus* von etwas Bewegendem zu erfahren und dabei aber nicht mitgerissen zu werden, sondern das *Herz der Dinge* zu empfinden. Machen wir uns an einigen Beispielen klar, wie man ein solches *Sehen mit dem Herzen,* das Steiner auch als die «Logik des Herzens» bezeichnet hat, in älteren Zeiten im Osten wie auch im Westen beschrieben hat.

Gehen wir zunächst zurück in das alte Japan um die erste Jahrtausendwende, so stoßen wir dort auf eines der bedeutendsten Werke und den ersten Roman der Weltliteratur überhaupt, das *Genji monogatari,* zu Deutsch *Die Geschichte des Prinzen Genji.*[42] In diesem mehr als tausend Seiten umfassenden Roman von *Murasaki Shikibu,* einer Hofdame, die um das Jahr 1000 am kaiserlichen Hof in Kyoto als Dichterin tätig war und deren wahrer Name nicht bekannt ist, geht es vordergründig um die zahllosen Liebesabenteuer des Prinzen Genji, hintergründig jedoch geht es darum, das, was die Japaner als *mono no aware* (wörtlich: das Herzzerreißende der Dinge) bezeichnen, zu erfahren. Der japanische Philosoph und Ästhetiker des 18. Jahrhunderts, *Motoori Norinaga* (1730–1801), sieht das Zugrundeliegende dieser Erfahrung in einem *Denken mit dem Herzen* oder in einem Erfassen der *Wahrheit des Herzens.*[43]

Dabei geht es darum, die wahre Natur der Dinge, nämlich ihre Vergänglichkeit, zu erfassen. Diese Vergänglichkeit wurde mit *mono no aware* bezeichnet und ihre Wahrnehmbarkeit dem Herzen zugeschrieben. Letztlich, so Motooris Auffassung, geht alle Dichtung im Japanischen auf dieses Prinzip zurück, weshalb ihr auch eine gewisse Traurigkeit nachgesagt wird, die darin zum Ausdruck kommt, dass die Vergänglichkeit nicht nur konstatiert, sondern durch ein *Denken mit dem Herzen* in poetischer Form zum Ausdruck gebracht wird.

So bestehen die zahllosen Konversationen im *Genji* zumeist in dem Zitieren aus dem auch im 10. Jahrhundert schon reichhaltigen Schatz der japanischen Dichtung[44] sowie aus von der Dichterin eigens für den Roman gefertigten, üblicherweise fünf Zeilen und 31 Silben umfassenden Gedichten oder *Waka,* die sie den zumeist ineinander verliebten edlen Gestalten ihres Romans in den Mund legt.

Der ganze Roman ist geprägt von einer durchgehenden Melancholie und Traurigkeit angesichts der Vergänglichkeit der vielen Liebschaften des Prinzen. Sein haltloser Charakter, der zugleich die Tiefe des Herzempfindens besitzt, wird so zum idealen Ebenbild dessen, was man in der alten japanischen Kultur der Heian-Zeit (794–1192) als die *Wahrheit des Herzens* bezeichnete, eben die Erfahrung der Vergänglichkeit aller Dinge. Mit dieser Empfindsamkeit ist jedoch keine sentimentale Weichlichkeit oder Süßlichkeit gemeint, sondern sie setzt eben eine *Reinheit des Herzens* eine *Läuterung des Herzens* voraus, denn nur dadurch wird das Herz für das *mono no aware* empfänglich.

So taucht in der japanischen Dichtung immer wieder das Bild des Kirschbaumes und der Kirschblüten, auf, die nach nur kurzer Zeit verblühen, so auch im *Genji*. Als der Prinz seine spätere große Liebe *Murasaki* als ganz junges Mädchen zum ersten Mal erblickt, beginnt er bei der sie betreuenden Nonne um sie zu werben und schreibt ihr:

> Der Bergkirsche
> schönes Bild ist untrennbar
> mit mir verschmolzen,
> bis in den letzten Winkel
> erfüllet es mein Herz.

Und die das Mädchen behütende Nonne schreibt ihm daraufhin zurück:

Nur solang der Wind
die Blüten von Onoe
nicht herabreißt,
nicht länger währt Eures
Herzens so flüchtiger Sinn.[45]

Wenn also der Roman vom Prinzen *Genji* immer wieder als der urbildliche Ausdruck des *mono no aware,* einer mit dem Herzen wahrgenommenen Vergänglichkeit der Dinge gepriesen wurde, so sind die Hauptgestalten dieses Romans allen Japanern bis heute das Urbild einer Empfänglichkeit für die *Wahrheit des Herzens.*

In dieser Empfänglichkeit können wir nun die oben beschriebene Funktion des Äther- oder Zeitleibes wiedererkennen. Denn der Ätherleib verbindet ja das außerhalb von Raum und Zeit lebende seelische *Wesen* mit dem Leib dadurch, dass die Seele in die Substanz des Ätherischen, also das Zeitliche, das Element des Entstehens und Vergehens und damit in den Bereich der Vergänglichkeit, eintreten kann. Die Seele lebt nicht einfach nur im physischen Leib, denn dann hätte sie nicht die Möglichkeit, zeitliche Vorgänge zu erfassen, dann würde sie nur Räumliches erleben. Das Erleben des Zeitlichen, mithin die Vergänglichkeit der Dinge, erlebt die Seele im Ätherischen.[46]

Der leibliche Ausdruck und die Grundlage dieses Erlebens aber ist, wie oben schon angedeutet, der Zusammenhang der Atmung mit dem Blut. Die Wahrnehmung der dabei entstehenden Bewegungen kommt dem Herzen zu. Zugleich reguliert aber das Herz diese Bewegungen, was nun sowohl physiologisch stattfindet, sich aber auch seelisch erleben lässt. Für das seelische Erleben dieser Herzensqualität ist die oben besagte *Läuterung des Herzens* erforderlich. Denn allzu leicht lässt sich die Seele aus dem unmittelbaren Erleben dessen, was wirklich ist, abziehen und schweift entweder in die Vergangenheit oder in die Zukunft ab, also in das, was nicht gegenwärtig ist. Das Erfassen der unmittelbaren *Gegenwart* ist also auf der seelischen Ebene ein Ausdruck der physiologischen Funktionsweise des Herzens, das ja stets zwischen dem Vergangenheitscharakter des venösen und dem Zukunftscharakter des arteriellen Blutes einen Ausgleich herstellen muss. Und genau darum, um das rechte Erfassen des *Gegenwärtigen,* um die *Wahrheit des Herzens,* geht es in der japanischen Dichtung.

Die Erfahrung unmittelbarer Gegenwart im Zen-Buddhismus und in der Haiku-Dichtung

Der im 13. Jahrhundert in Japan entstehende *Zen-Buddhismus* besteht im Grunde genommen aus nichts anderem, als mithilfe der *Meditation* diese *Gegenwärtigkeit* zu realisieren, das heißt, stets im Hier und Jetzt präsent zu sein. Auch im Zen ist es vor allem die Dichtung, die diese *Präsenz* und damit seine Herzensqualität und das, was wir als den typischen Ausdruck des japanischen Zen empfinden, am treffendsten in Worte zu fassen vermag.

Aus dem Geist des Zen entstand in der Neuzeit, ab dem 17. Jahrhundert, die Neuschöpfung einer noch knapperen poetischen Form als der des fünfzeiligen *Waka,* nämlich das dreizeilige und nur 17 Silben umfassende *Haiku.* Sein Begründer war der dem Zen-Buddhismus sehr nahe stehende und wohl berühmteste japanische Dichter überhaupt, *Matsuo Bashô* (1644–1694). In seiner Haiku-Dichtung geht es gerade durch die Knappheit noch stärker darum, den gegenwärtigen Augenblick im Sinne des *mono no aware* zu erfassen.

Diese Kunst realisierte Bashô vor allem auf seinen langen Fußreisen durch das Innere Japans. Am bekanntesten ist sein 1685 entstandenes Reisetagebuch *Auf schmalen Pfaden durchs Hinterland.*[47] Darin enthalten sind einige der berühmtesten Haiku überhaupt. So schreibt Bashô auf seiner Reise, die ihn im heißen Sommer zu einem alten buddhistischen Tempel führt:

«Einzigartig verschwiegen war die ganze Landschaft um uns, ich hatte das untrügliche Gefühl, dass sie allein nur für uns da war, um unser Herz zu läutern.

Stille …!
Tief in den Felsen bohrt sich
das Sirren der Zikaden.»[48]

«Das Herz zu läutern» bedeutet hier also, für den gegenwärtigen Augenblick empfänglich zu sein. Ein eigenartiges Bild, das Bashô dabei beschreibt: Denn obwohl er das Zirpen der Baumzikaden als so undurchdringlich erfährt, dass es sich in den Felsen hinein zu bohren scheint, erlebt er diesen Augenblick doch als *Stille*.

Hier wird nun ganz besonders die oben beschriebene Qualität des Herzens, zwischen Innen und Außen zu vermitteln, deutlich. Denn Bashôs *Stille* ist zunächst eine innere Stille, in die er angesichts der Heiligkeit des Bergtempels versetzt wird. Dieser Stille tönt äußerlich das bohrende Zirpen der Zikaden entgegen, ohne dabei jedoch die innere Stille zu durchbrechen. Vielmehr scheint das andauernde Zirren still zu stehen und dadurch unhörbar zu werden. Diese Unhörbarkeit des Hörbaren erfährt Bashô nun auch als äußere Stille. Innere und äußere Stille scheinen sich zu durchdringen.

Ein weiteres berühmtes Haiku dieser Reise schreibt Bashô in der Nähe eines ehemaligen Kriegsschauplatzes, auf dem eine legendäre Schlacht des 12. Jahrhunderts verloren ging. Bashô zitiert zunächst ein ebenfalls berühmtes Gedicht des chinesischen Dichters der Tang-Zeit, *Tu Fu* (712–770):

«Das Land ist verwüstet – Berge und Flüsse aber blieben unversehrt – über Burgruinen grünt, wenn der Lenz kommt, nur noch Gras!»

Diese Zeilen im Kopf und mit Tränen in den Augen dichtet er im Gedenken an jene legendäre Schlacht:

> Sommergras ...!
> Von all den Ruhmesträumen
> die letzte Spur ...[49]

Unübertrefflich wird hier das *mono no aware,* die Vergänglichkeit der Dinge und die Traurigkeit des Herzens angesichts dieser Erfahrung von Zeitlichkeit zum Ausdruck gebracht.

Dabei wird nun aber auch deutlich, worum es sich im Kern dieses «mit dem Herzen Wahrnehmens» eigentlich handelt, nämlich um das, was wir für gewöhnlich als *Mitgefühl* bezeichnen. Das Herz ist die Quelle dieses Mitgefühls, weil sein physiologischer Grundcharakter, das Zeitorgan schlechthin zu sein, es auf der seelischen Ebene zum Wahrnehmungsorgan für alles Zeitliche, mithin also des Vergänglichen, werden lässt. Da aber, wo wir Vergänglichkeit real erleben, äußert sich dieses Erleben als Mitgefühl. Nur wer wirklich in das wahre Sein der Dinge und der Menschen eindringt, kann Mitgefühl entwickeln. Bei Bashô äußert sich dieses Mitgefühl in der oben zitierten Szene am Schlachtfeld darin, dass er sein Haiku mit Tränen in den Augen dichtet. Im Mitgefühl des Herzens wird das «Herzzerreißende der Dinge» erfahren.[50]

Das Miterleben der Jahreszeiten

Ein besonderer Ausdruck der Erfahrung des Zeitlichen durch das Mitfühlen des Herzens war in der japanischen Dichtung sowohl des Mittelalters wie der Neuzeit immer auch das Miterleben der *Jahreszeiten*, also des *Entstehens und Vergehens*, des Vergänglichen in der Natur. So gehört es zu den Grundregeln der Haiku-Dichtung, dass sich in jedem Haiku eine Beziehung zur jeweiligen Jahreszeit findet. Es geht in der Haiku-Dichtung nicht um den Ausdruck subjektiver Gefühle oder Stimmungen, sondern um den möglichst genauen Ausdruck dessen, was jahreszeitlich, in einem bestimmten Augenblick im Sinne des *mono no aware* erlebbar ist.

Nehmen wir dazu wieder ein Beispiel von Bashô:

> Rauer Wellengang!
> Weit nach Sado hinüber, spannt sich
> der Himmelsfluss …[51]

Zum Verständnis dieses berühmten Haiku müssen wir etwas weiter ausholen. Bashô ist auf seiner Reise durch das japanische Binnenland an die Nordküste gelangt. Die Jahreszeit wird durch das Wort *Himmelsfluss*, womit die Milchstraße gemeint ist, angedeutet. Denn dem japanischen Mondkalender zufolge wurde am 7. Tag des 7. Monats, das ist Anfang August, ein altes Sternenfest, das *Tanabata-Fest,* gefeiert, dem eine Sternenlegende zugrunde liegt. Ein Hirtenknabe hatte sich in ein Mädchen, die Himmelsweberin, am Hofe des Himmelskönigs so sehr verliebt, dass beide ihren Pflichten nicht mehr nachkamen. Der Himmelsherrscher trennte die beiden daraufhin, links und rechts von der Milchstraße, als Stern Atair im Adler (Hirtenknabe) und Stern Wega in der Leier (Himmelsweberin). Nur in der Nacht vor dem 7. Tag des 7. Monats durfte der Hirtenknabe den Himmelsfluss überqueren, um zu seiner geliebten Himmelsweberin zu gelangen.

Auf dieses Sternenfest Anfang August also spielt Bashôs Haiku an. Warum aber benutzt er das Bild des Himmelsflusses im Hinblick auf die Insel Sado? Diese dem Festland weit vorgelagerte Felseninsel war damals eine Gefangeneninsel; jegliche Flucht von diesem öden Eiland war unmöglich. Bashô spielt also auf dieses Gefangensein und die damit verbundene Traurigkeit an, die er aber durch das Bild des Himmelsflusses und die damit verbundene Sternenlegende, nämlich die sich zum Sternenfest gegenseitig besuchenden Liebenden, überbrückt. Der raue Wellengang wird dabei zum Bild für die innere Bewegtheit angesichts des Schicksals der Gefangenen auf der Insel.

Die dorthin am Himmel hinüberreichende Milchstraße aber wird zum Bild für eine nicht-sinnliche, überirdische Beziehung der Gefangenen zu ihrer himmlischen Herkunft. So verbindet Bashô das Vergängliche mit dem Unvergänglichen. Das Jahresfest mit seinem legendären Ursprung wird mit der räumlichen Situation der auf Sado Gefangenen verknüpft und zu dem Erlebnis des rauen Meeres in Beziehung gesetzt. Herzerfüllter und zugleich einfacher als Bashô kann man diese bewegende Situation wohl kaum beschreiben.

Das Miterleben der Jahreszeiten war von Beginn der japanischen Dichtung im frühen Mittelalter an das Grundmotiv. Schon ab dem 7. Jahrhundert gab es am Kaiserhof die Intention, die Dichtkunst, das bedeutete damit aber eben auch das Miterleben des Jahreslaufes, in der Form der fünfzeiligen *Waka* oder *Tanka* zu kultivieren. Hier zwei Beispiele aus der zwischen 905 und 914 entstandenen Sammlung *Kokin Wakashu:*

Von ihren Zweigen
haben sie sich – wie unbeständig –
die Kirschblüten gelöst –
und sind sie einmal abgefallen
werden im Wasser sie zu Schaum.[52]

An die bunten
Blätter auf dem Berg
der allmächtigen Gottheiten
will ich mein Gefühl nicht heften –
denn sie wandeln sich gewiss.[53]

Auch in diesen Beispielen steht die Vergänglichkeit, das *mono no aware* der Dinge, im Zentrum des Miterlebens des Jahreslaufes. Der Sinn einer solchen, auf kaiserliche Anordnung zurückgehenden Sammlung bestand darin, in ihrem Verlauf das Vergängliche der Jahreszeiten in der Natur möglichst klar zum Ausdruck zu bringen, weshalb häufig auch kein Autor benannt wird. Entscheidend war der Eindruck, den die fortgesetzte Lektüre auf den Leser machen sollte: ihm bewusst zu machen, dass der Mensch der Vergänglichkeit nicht entrinnen kann, und dass es daher keinen Sinn macht, an Vergänglichem festzuhalten.

Entscheidend für den östlichen Menschen war aber die Einsicht, dass in der eigenen Vergänglichkeit und in der Vergänglichkeit der Dinge der Punkt liegt, an dem die scheinbar objektive Welt der Dinge und die scheinbar subjektive Welt des eigenen Daseins zusammenströmen und sich vereinen. Diese Vereinigung zu erfassen und zwar in unmittelbarer Gegenwart, macht das Eigentümliche der von uns beschriebenen japanischen Dichtungen und ihre Nähe zum menschlichen Herzen aus. Dieser sich selbstbescheidenden Haltung der Welt und dem eigenen Dasein gegenüber liegt die auch heute immer noch wahrnehmbare Ergebenheit des ostasiatischen Menschen zugrunde.

Zugleich kommt in dieser Dichtung die Unbeständigkeit des Menschen, die die japanische, vom Buddhismus stark beeinflusste Dichtung immer mit dem Herzen in Verbindung sah, zum Ausdruck, wobei es das Bestreben des Buddhismus war, diese Unruhe des Herzens zur Ruhe zu bringen:

> Ich denke nicht,
> dass die Kirschblüten
> so früh schon fallen –
> des Menschen Herz dagegen wartet
> nicht einmal das Wehen des Windes ab.[54]

Um die Beruhigung und Reinigung des Herzens ging es auch im chinesischen Buddhismus und im Taoismus. Wenden wir uns daher einem prägnanten Beispiel für die Bedeutung des Herzens in der Spiritualität des Ostens, dem berühmtesten Roman Chinas, der *Reise in den Westen* zu.[55]

Das Herz im chinesisch-taoistischen Initiationsroman Die Reise in den Westen

Denn in diesem Initiationsroman, den in China bis heute jedes Kind kennt, spielt das Herz eine zentrale Rolle. Es geht im Kern um die historisch belegte Reise des buddhistischen Mönchs *Xuanzang* (600–

664) von China nach Indien, also in den Westen, um die Schriften des Buddha, die gemeinhin als die *drei Körbe,* in Sanskrit *Tripitaka,* bezeichnet wurden, nach China zu bringen.[56] Daher trägt Xuanzang im Roman den Namen *Tripitaka.* Die Hauptfigur des Romans ist jedoch die legendäre Gestalt des Affenkönigs *Sun Wukong,* der im Roman als Symbolfigur für das Herz steht und daher auch als Herzaffe bezeichnet wird. Sun Wukong ist der engste und wichtigste Begleiter Xuanzangs auf seiner Reise in den Westen. Was aber hat der Affenkönig mit dem Herzen zu tun?

Die taoistische Lehre, die im gesamten Roman den weltanschaulichen Hintergrund bildet, sah im Herzen den Sitz für alles Denken, Fühlen und Wahrnehmen, den Sitz der Seele schlechthin.[57] Aber auch der Buddhismus hatte eine starken Einfluss auf *Die Reise in den Westen*. Im *Vimalakirti-Sutra*, einem der wichtigsten buddhistischen Texte Chinas, heißt es:

«Der Mensch ist schwer zu zähmen, denn sein Herz ist wie ein Affe. Daher gilt es, das Herz mithilfe bestimmter Methoden unter Kontrolle zu bringen und zu bändigen.»[58]

Der chinesische Chan-Mönch *Linji Yixuan* (gest. 866)[59] brachte das Denken, dessen Sitz man im Herzen sah, mit dem Bild des Affen in Verbindung:

«Das Denken ist ein wilder Affe.»[60]

Die buddhistische Meditation galt in China als das Mittel schlechthin, das unruhige und unstete Herz, den Affen also, zu zähmen und zur Ruhe zu bringen. Die *Reise in den Westen* schildert daher in epischer Form, wie der unstete Unruhegeist des Affenkönigs im Laufe der Reise nach dem Westen durch den buddhistischen Mönch und Pilger *Tripitaka* gezähmt und damit verwandelt wird. *Tripitaka* wird im Roman als ein *Meister der Sammlung (chan),* also der Meditation, dargestellt.

In Wahrheit trägt der Affenkönig *Sun Wukong* die durch die Meditation zu erlangende Ruhe und Einsicht in die wahre Natur der Dinge aber bereits in sich. Denn im chinesischen Buddhismus war man der Überzeugung, dass alle Wesen *Buddha-Natur* in sich tragen, nur ist diese eben durch den unbeherrschten Geist verschüttet.

So schildert der Roman zu Beginn die legendenhafte Geburt von *Sun Wukong* aus einem sagenumwobenen Stein, dessen Maße mit dem Kosmos identisch sind – *Sun Wukong* ist also in seinem Ursprung dem Kosmos gleich. Dank der Unterweisungen des Pilgermönchs *Tripitaka* findet er also auch zu seinem kosmischen Ursprung und damit zu seinem Herzen zurück. Damit ist zugleich eine reine Form von intuitiver Erkenntnis gemeint.

In einem älteren Vorwort zur *Reise in den Westen* heißt es daher:

«Es geht durchweg darum, das abgeirrte Herz wiederzufinden. Denn ob wir im Sinne eines Dämons handeln oder im Sinne Buddhas, ist allein eine Frage des Herzens [...]. Seine Wirrungen reichen überall hin, genauso, wie der Herzaffe sich König und Heiliger nennt und sogar einen Aufruhr im Himmel veranstaltet. Ist das Herz jedoch gefasst, so wird es zum wahren Herrscher. Sobald das wahre Herz zum Vorschein kommt, lassen sich die inneren Dämonen überwinden, und alle Wirrungen legen sich von selbst, genauso, wie der Herzaffe Dämonen unterwirft, Ungeheuer bändigt und am Ende die Buddhaschaft verwirklicht.»[61]

Unsere Beispiele aus der östlichen Spiritualität zeigen also, wie das Herz im Japanischen als Sitz des ästhetischen Empfindens und des zeitlichen Erlebens der Vergänglichkeit erlebt wurde und in China als Sitz des moralischen Verhaltens und des Denkens gesehen wurde. In der japanischen Poetik und Ästhetik steht die *Betrachtung* der Dinge und das Erfassen ihrer wahren Natur mit dem Herzen im Mittelpunkt, in unserem chinesischen Beispiel dagegen mehr das Herz als Sitz für die Antriebe des *Handelns.* Sowohl in Japan wie in China galt dabei die buddhistische

Meditation als das Mittel zur Erlangung eines in diesem Sinne *reinen Herzens.*

Die Erlangung des reinen Herzens in der christlichen Mystik

Von einer solchen Reinheit und Weisheit des Herzens ist nun auch im Christentum immer die Rede gewesen. Die Bibel gibt an zahlreichen Stellen Hinweise in diese Richtung, so bereits im Alten Testament beispielsweise in Psalm 51,12:

> «Schaffe in mir, Gott, ein reines Herz
> und gib mir einen neuen, beständigen Geist.»

Oder es ist von der *Weisheit des Herzens* die Rede, so in 1 Könige 3,12:

> «Siehe, ich gebe dir ein weises und verständiges Herz [...].»

Oder auch in Jeremias 24,7 und 31,33:

> «Ich will ihnen ein Herz geben, dass sie mich erkennen sollen [...].»

> «Ich will mein Gesetz in ihr Herz geben und in ihren Sinn schreiben [...].»

Wird im Alten Testament die Weisheit und Reinheit des Herzens als von Gott gegeben, also als eine Gottesgabe empfunden, so geht es im Neuen Testament darum, dass der Mensch die Reinheit des Herzens durch Meditation und Gebet selbst herstellen bzw. sich die Weisheit des Herzens eigenständig erarbeiten muss, es sei denn, diese Fähigkeit wäre der Seele aufgrund ihrer Herkunft bereits zu eigen.

So heißt es bei Lukas 2,19 von Maria bei der Geburt Jesu, die ihr von den Hirten als die Geburt des Messias verkündigt worden ist:

«Maria aber behielt alle diese Worte und bewegte sie in ihrem Herzen.»

Eine zentrale Stelle, mit der wir uns nun ausführlicher beschäftigen wollen, und die in der christlichen Mystik und in der Meditationspraxis der Mönche eine große Rolle gespielt hat, ist eine der Seligpreisungen Jesu, die in der Bergpredigt (Matth. 5,8) ausgesprochen wird:

«Selig sind, die reinen Herzens sind; denn sie werden Gott schauen.»

Schon im Alten Testament war das reine und weisheitsvolle Herz das ausschlaggebende Moment für die Beziehung des Menschen zu Gott. In dieser

Seligpreisung der Bergpredigt aber wird das reine Herz zu einer durch den Menschen selbst herzustellenden Voraussetzung, um Gott schauen zu können.

Auch in der Meditations- und Gebetspraxis des Kartäuserordens war diese Zeile von zentraler Bedeutung.[62] In einem für die mittelalterliche Meditations- und Gebetspraxis zentralen und immer wieder zitierten Text, der *Stufenleiter Mönche*, des *Guigues II le Chartreux* (1114–1191), stellt der damalige Abt der Grand Chartreuse diesen Satz in das Zentrum seiner Meditation:

«Dieser Satz ist zwar kurz, aber voller Sinngehalt und einer unendlichen Sanftheit. Er erscheint der Seele wie eine Traube. Die Seele, die dieses bedenkt, sagt sich: Dieses Wort wird mir guttun. Konzentriere dich, oh mein Herz, versuche zu verstehen und vor allem diese Reinheit zu finden. Oh, wie wertvoll und erstrebenswert muss diese Reinheit sein, denn sie reinigt jene, bei denen sie einkehrt und enthält das Versprechen der göttlichen Schau und des ewigen Lebens, welche die heiligen Schriften ohne Unterlass beständig preisen. Also erfüllt der Wunsch zu verstehen die Seele, die diese Traube nunmehr in Besitz nimmt, in Stücke schneidet und in die Presse legt, wobei sie zu ihrem Geiste spricht: Sieh hin und untersuche genau, was das ist, und sage mir, wie ich diese Reinheit des Herzens, die so wertvoll und erstrebenswert ist, erreichen kann.»[63]

Die christlich-mystische Meditation diente also in erster Linie dazu, die *Reinheit des Herzens,* die bei Guigues II zugleich zum Meditationsinhalt gemacht wurde, zu erlangen. Über vier Stufen, das Studium, die eigentliche Meditation, das Gebet und die Kontemplation wurde diese Reinheit angestrebt. Und nachdem der Abt sich zunächst mit der Seligpreisung selbst ausgiebig beschäftigt hat, beginnt er auf der zweiten Stufe, diese in Beziehung zu anderen Textstellen zu setzen:

«Die Meditation beginnt also auf diese Weise: Sie bleibt nicht an der Oberfläche und nimmt eine höhere Stufe [als das Studium] ein. Sie dringt somit zum Inneren vor, indem sie die Einzelheiten genau untersucht. Sie bemerkt nun mit Sorge, dass der Satz [über den meditiert wird] nicht lautet: ‹Selig sind, die reinen Leibes sind›, sondern ‹Selig, die reinen Herzens sind›. Es genügt also nicht, nur unschuldige Hände zu haben, wenn der Geist noch voll unreiner Gedanken ist. In den Psalmen spricht der Prophet daher: ‹Wer darf auf des Herren Berg steigen, wer darf stehen auf seiner heiligen Stätte? Derjenige, der unschuldige Hände hat und reinen Herzens ist.› (Ps 23,3-4). Weiterhin ergibt sich der Meditation dann, wie der Psalmendichter diese Reinheit des Herzens ersehnt, indem er betet: ‹Schaffe in mir, o Gott, ein reines Herz.› (Ps 51,12) und weiter: ‹Wenn ich Unrechtes gehabt hätte in meinem Herzen, so hätte der Herr mich nicht erhört.› (Ps 66,18).»[64]

Auch wenn Guigues die Reinheit des Herzens durch seine Meditation zu erlangen versucht, so wird ihm gerade durch die Meditation immer deutlicher, dass er die gesuchte Reinheit nicht allein aus eigener Kraft erlangen kann. Die Meditation erreicht zwar eine Vertiefung des Studiums, indem sie innerlich anfängt, den Text tiefer zu erfassen, ihn mit anderen, frei memorierten Textstellen in Verbindung zu setzen und sich in dem so gebildeten Gewebe frei hin und her zu bewegen. Allein, sie bemerkt schließlich, dass in all diesem Streben ein unerfüllter Rest bleibt, den sie aus sich allein nicht ausfüllen kann. So also erhebt sie sich zum Gebet.

Guigues sagt nun über das Gebet das Folgende:

«Die Seele hat nun verstanden, dass sie den ersehnten Genuss der Erkenntnis und der Erfahrung aus eigener Kraft nicht erreichen kann. Denn je mehr sie sich erhebt, umso weiter entfernt erscheint ihr Gott. Darum erniedrigt sie sich und sucht ihre Zuflucht im Gebet und spricht: Herr, der du dich nur denen zeigst, die reinen Herzens sind: Ich suche im Lesen und in der Meditation, was die wahre Reinheit des Herzens ist und wie man sie erlangen und dich besser erkennen kann. Mein Herz begegnet dir in deinem Wort: ‹Ihr sollt mein Angesicht suchen.› (Ps 27,8) Lange habe ich in meinem Herzen meditiert und dabei ist ein Feuer in mir entbrannt und die Sehnsucht, dich immer mehr zu erkennen. Indem du mir das Brot der Heiligen Schrift reichst, erkenne ich dich an deiner Art, das Brot zu brechen (Lk 24,35). Doch je mehr ich dich erkenne, umso mehr möchte ich dich nicht nur in der äußeren Hülle der Buchstaben, sondern in wirklicher Erfahrung erkennen.»[65]

Hier erfahren wir nun sehr deutlich, welche Rolle das Gebet auf der Stufenleiter der Mönche spielt: Es besteht in der innerlich eingenommenen Geste der Selbstentäußerung, des sich Lösens von den zuvor meditierten Buchstaben und Worten und zugleich einem Entzünden innerer Liebes- und Hingabekräfte. Zwar werden auch hier noch andere Bibelstellen memoriert, jetzt jedoch nicht mehr in meditativer Weise miteinander verflochten, sondern quasi als Sprungbretter genutzt, um die notwendige Hingabekraft zu erreichen. Diese Hingabe und letztliche Vereinigung mit Gott, die *unio mystica,* kann erst auf der vierten und höchsten Stufe, durch die Kontemplation erreicht werden:

«Durch solche glühenden Worte entflammt, gerät die Seele immer mehr in den Zustand des Verlangens und ruft als Beistand ihren Bräutigam herbei. Der Herr aber, ‹dessen Augen auf die Gerechten blicken und dessen Ohren ihr Wehklagen hören› (Ps 34,16), wartet nicht ab, bis die Seele ihre Bitten ausgesprochen hat. Er unterbricht den Verlauf ihres Gebetes und eilt der nach ihm verlangenden Seele entgegen, voll von Tau himmlischer Süßigkeit und köstlichster Salben. Er erfrischt die ermüdete Seele, stillt ihren Hunger und löscht ihren Durst und lässt sie alles Irdische vergessen. Er stärkt die Seele dadurch, dass sie ihrer selbst vergessen und sich *dadurch reinigen kann. Und so* wie die Seele in bestimmten Momenten der sinnlichen Lust den Gebrauch der Vernunft vollständig verliert, so werden in dieser höheren Kontemplation die Erregungen des Fleisches vollständig absorbiert, wodurch das Fleisch dem Geiste nicht mehr entgegensteht und der Mensch nun durch und durch vergeistigt wird.»[66]

Hier wird nun sowohl der Duktus als auch das mit der Reinheit des Herzens verbundene eigentliche Ziel der christlichen Mystik und Meditation deutlich: die Vergeistigung des Menschen durch die vollständige Reinigung von allen fleischlichen Versuchungen und die vollständige Vereinigung als höchste Seligkeit erlebte Vereinigung mit Gott.

Anschließend stellt Guigues jedoch klar, dass die Gnade solcher Vereinigung, die von Tränen der Seligkeit begleitet wird, nicht lange anhält. Dass also der Herr, der ersehnte Bräutigam der Seele, sich auch wieder zurückzieht, «damit du dich wegen seiner einzigartigen Gnade nicht überhebst» (2 Kor 12,7). Denn wohin würde ein unentwegtes Zusammensein mit dem Bräutigam ohne Zweifel führen? Zu Überheblichkeit einerseits und zur Geringachtung des Bräutigams und seiner Gnade andererseits. Zudem würde die Seele alles weitere Streben aufgeben und sich nicht um ihr weiteres Dasein kümmern.[67]

Die durch die Reinheit des Herzens erlangte Gottesschau währt also nur für kurze Momente, um dann wieder zu erlöschen. Sie muss in der hier beschriebenen vierstufigen Meditation immer wieder aufs Neue gesucht werden.

Wir wollen es bei diesem sehr eindrücklichen Beispiel christlicher Meditationspraxis belassen. Auf die im frühen Christentum entstandene Praxis des sogenannten *Herzensgebetes* werden wir hier nicht gesondert eingehen, denn dazu gibt es bereits eine Fülle von Literatur, sodass wir an dieser Stelle auf diese verweisen können.[68]

Das logische Denken als Grundlage eines dualistischen Weltbildes

Was uns aber sowohl an den Beispielen aus dem alten Japan und China als auch aus dem christlichen Mittelalter deutlich werden konnte, ist, dass das logische Denken sowohl bei der Wahrnehmung mit dem Herzen als auch der Reinigung des Herzens keine Rolle spielte. Warum nicht?

Wie wir in Kapitel I gesehen haben, hat sich das mit dem Gehirn verbundene, von der Wahrnehmung losgelöste Denken erst mit der Neuzeit soweit entwickelt, dass es als abstrakt und vom Menschen bzw. von seinem Gehirn als selbst erzeugt erlebt wurde. Dieses Denken aber dient nun weder dazu, *Gott zu schauen,* noch dazu, *die wahre Natur der Dinge* zu erleben, noch geht es diesem Denken darum, das Herz zu reinigen; das Denken dient jetzt einzig und allein dazu, sich die durch die Wahrnehmung gegebene Natur zu eigen zu machen, um sie technisch zu nutzen. Damit wurde alles Wissen als Macht erlebt.

Dadurch entwickelt sich aber dieses Denken völlig losgelöst von allem, was zuvor als die *Wahrnehmung mit dem Herzen* erlebt wurde. Ja, das Herz und seine Läuterung spielen für dieses naturwissenschaftliche Denken keine Rolle mehr. Das wiederum führte nun dazu, dass sich das Verhältnis des Menschen zum Göttlichen und zur wahren Natur der Dinge von der Entwicklung des Denkens völlig losgelöst hat und damit zu einer Sache des *Glaubens* wurde, und das Denken somit in einen Gegensatz zu allem religiösen Erleben trat:

«Ich musste also das Wissen aufheben, um zum Glauben Platz zu bekommen.»[69]

So formulierte es *Immanuel Kant* (1724–1804) in seiner *Kritik der reinen Vernunft*. Und diese Trennung von religiösem Streben von der Entwicklung von Wissen und Wissenschaft hat bis heute Bestand.

Das gilt aber nicht nur für das Christentum, sondern auch für den Buddhismus. Eine Erscheinung wie der extreme Kulturpessimismus eines *Yuval Noah Harari*, der mit seinen beiden Büchern *Eine kurze Geschichte der Menschheit* und *Homo deus*[70] auf der einen Seite einen wissenschaftlichen, extrem reduktionistischen Darwinismus vertritt, auf der anderen Seite aber die von ihm täglich zwei Stunden praktizierte buddhistische Vipassana-Meditation, ist nur unter dieser kantischen Voraussetzung möglich.[71] Harari bemerkt nicht, dass die von ihm pessimistisch beurteilte negative Entwicklung der Menschheit, die er in eine Abschaffung derselben durch den Transhumanismus und die künstliche Intelligenz auslaufen sieht, gerade von dem Denken erzeugt wird, dessen er sich selbst im Rückgriff auf das naturwissenschaftliche, darwinistische Weltbild bedient. Dadurch landet er unweigerlich bei einem gnostischen Dualismus, der alles Irdische als die Schöpfung eines schlechten Gottes, des Satans, begreift, hinter dem sich aber eben doch nur das naturwissenschaftliche Denken verbirgt, alles Gute hingegen als die «wunderbare Welt des Geistes», in die wir durch «spirituelle Reisen» wie etwa die buddhistische Meditation zurückkehren und uns dadurch von den Übeln des materiellen Daseins befreien können.[72]

«Der Dualismus hält die Menschen dazu an, aus diesen materiellen Fesseln auszubrechen und eine Reise zurück in die spirituelle Welt zu unternehmen, die uns vollkommen unvertraut, aber unsere eigentliche Heimat ist.»[73]

Eine solche dualistische und zugleich kulturpessimistische Haltung ist heute aber nicht die Ausnahme, sondern, wie sich an Hararis weltweit millionenfach verkauften, extrem erfolgreichen und populären Schriften zeigt, sehr weit verbreitet. Die buddhistische Meditation im Sinne Hararis dient dann nur noch zu einer Flucht aus der immer materialistischer werdenden, technisierten Welt und nicht dazu, diese

Welt mit anderen Augen wahrzunehmen, ja, sie im positiven Sinne neu zu gestalten, mit einem Denken, das sich mit dem Herzen so verbunden weiß, dass es nicht abgezogen von der Welt, sondern mit der Welt und ihrem Werden aufs innigste verbunden ist.

Das ursprünglich mit den Dingen verbundene Denken, erlebte nicht das menschliche Gehirn als den Ursprung der Gedanken, sondern die Gedanken in den Dingen selbst. Das Herz wurde dabei, wie wir gesehen haben, als das Organ erlebt, mit dem das Wesen der Dinge wahrgenommen werden konnte.

Um nicht in einen Dualismus, wie ihn viele Menschen heute erleben und wie er von Yuval Noah Harari exemplarisch vorgelebt wird, zu verfallen, muss also heute das Denken selbst, das sich von der Natur losgelöst hat und dabei ist, sich auf technologischem Wege in Form *künstlicher Intelligenz* auch vom Menschen völlig abzulösen, weiter entwickelt werden – und zwar dadurch, dass es mit dem Herzen wieder verbunden wird. Dazu aber muss das Denken zunächst in seiner in Kapitel I dargestellten wahren Natur *als intuitives Denken* erkannt und erlebt werden.

Das heißt nun wiederum nicht, der technologischen Entwicklung zu entfliehen, sondern ihr ein Gegengewicht zu verschaffen. Dabei wird das Denken nicht vom Menschen abgelöst und in technologisch erzeugte künstliche Gehirne übertragen, sondern es wird das intuitiv erlebte Denken mit dem Herzen verbunden. Wie dieses Gegengewicht zur technologischen Entwicklung der künstlichen Intelligenz geschaffen werden kann, das soll in den nächsten Kapiteln gezeigt werden.

IV. Die Sonne als Weltenherz und das Miterleben des Jahreskreislaufes

Herz und Sonne

Den Zusammenhang des Denkens mit dem Herzen kann man nur verstehen, wenn man den Menschen im Zusammenhang mit dem Kosmos betrachtet. Denn nur das vom Kopf ausgehende Denken ist in der Lage, den Menschen und seine Organe aus diesem Zusammenhang herauszulösen. So zeigt sich das Herz in einer den Menschen und den Kosmos zusammenschauenden Betrachtung in einem völlig neuen Licht. Rudolf Steiner hat in mantrischer Form auf den besonderen Zusammenhang des Herzens mit der Sonne aufmerksam gemacht:

> Sehen kann ich aufwärtsblickend
> In der Sonne hellem Rund
> Das gewalt'ge Weltenherz.
> Fühlen kann ich einwärts schauend
> In des Herzens warmem Schlag,
> Die beseelte Menschensonne.[74]

Auf diesen Zusammenhang des Herzens mit der Sonne hat Steiner an vielen Stellen aufmerksam gemacht:

«Was gewisse Zusammenhänge, die wir einfach ablesen von den Sternen, bedeuten, das lernen wir erst, wenn wir die entsprechenden Vorgänge im eigenen Organismus erfassen. Denn was innerhalb unserer Haut liegt, das ist nichts anderes als das Spiegelbild des äußeren Weltorganismus. Wenn Sie also den Menschen [...] hier haben, und Sie haben da seinen Blutumlauf [...], so verfolgen Sie die Bahn dieses Blutumlaufes. Versuchen Sie die Bahn dieses Blutumlaufes zu verfolgen. Das ist im Innern des Menschen. Gehen Sie hinaus in das Weltenall, suchen Sie sich die Sonne auf, sie entspricht [...] dem Herzen im Innern des Menschen. Und dasjenige, was vom Herzen aus durch den Körper geht, oder eigentlich vom Körper aus zum Herzen, so unregelmäßig es eigentlich ist, das ist in Wahrheit ungefähr ähnlich den Bewegungen, die mit dem Sonnenlauf zusammenhängen.»[75]

Auch in diesem Zusammenhang weist Steiner erneut darauf hin, dass das Herz keine Pumpe ist, sondern dass das Herz embryonal als Ergebnis des Blutkreislaufes entsteht. Das zirkulierende Blut erzeugt die Bewegung des Herzens. Der Blutkreislauf wiederum entsteht durch das Zusammenwirken aller übrigen Organe.

«Das Herz – Sie können das embryologisch verfolgen – ist ja nichts weiter eigentlich als das Ergebnis der Blutzirkulation. Versteht man dasjenige, was das Herz im menschlichen Leibe ist, dann lernt man auch verstehen, dass die Sonne nicht das ist, was Newton meint, der allgemeine Seilzieher, der da seine Seile, Gravitationskraft genannt, hinüberschickt nach den Planeten, nach Merkur, Venus, Erde, Mars und so weiter [...], sondern, so wie die Herzbewegung das Ergebnis ist des Lebendigen der Zirkulation, so ist die Sonne nichts anderes als das Ergebnis des ganzen Planetensystems. Die Sonne ist Resultat, nicht Ausgangspunkt. Das lebendige Zusammenwirken des Sonnensystems ergibt in der Mitte eine Aushöhlung, die da spiegelt. Und das ist die Sonne. [...] Die Sonne versteht derjenige, der das menschliche Herz versteht.»[76]

Um uns den Zusammenhang zwischen Herz und Sonne noch deutlicher werden zu lassen, übertragen wir die Grafik aus Kapitel III mit dem Herzen im Zeitenkreuz nun auf die Sonne. Dabei ergibt sich das Bild auf Seite 80:

Wir sehen auch hier wie beim Herzen eine räumliche und eine zeitliche Dimension. Es zeigt sich der Jahreslauf der Erde, der durch die rhythmischen Bewegungen der Erde und der Sonne entsteht. Die

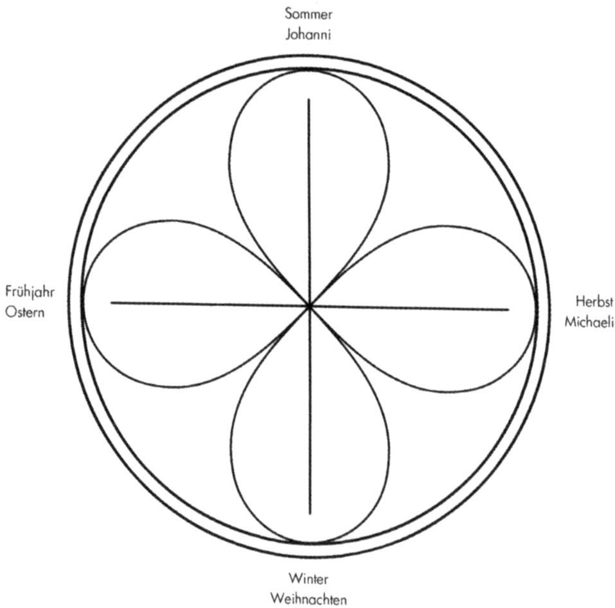

Sonnenwirksamkeit wird der Erde nicht in feststehender, sondern in rhythmischer, das heißt in der Zeit rhythmisch verlaufender Form vermittelt. Wie aber können wir uns den Jahreslauf im Hinblick auf den Zusammenhang der Sonne mit der Funktion des Herzens im menschlichen Organismus genauer vorstellen? Dazu ziehen wir eine weitere Aussage Rudolf Steiners hinzu:

«Das physische Herz des Menschen ist ja für den

Okkultisten ein außerordentlich interessantes, ein außerordentlich bedeutungsvolles Organ; denn dieses physische Menschenherz kann nur verstanden werden, wenn man das ganze gegenseitige Verhältnis, auch das geistige Verhältnis, in dem die Sonne zur Erde steht, ins Auge fasst. [...] Und zwar muss das Verhältnis zwischen Sonne und Erde so ins Auge gefasst werden, dass man dabei die Erde, wie sie heute ist, ganz und gar so auffasst, wie sie gleichsam zuerst selber sich von den Sonnenwirkungen nährt, wie sie diese Sonnenwirkungen in sich aufnimmt und verarbeitet. Was die Erde in ihrer festen Grundsubstanz an Sonnenkräften in sich aufnimmt, was sie in ihrer Luft- und Wasserhülle, in den wechselnden Wärmeverhältnissen aufnimmt, was sie in dem die Erde umflutenden Licht aufnimmt, was sie selbst aufnimmt in demjenigen, was nun nicht mehr physisch irgendwie wahrnehmbar ist als Anteil der Erde an der Sphärenharmonie, was die Erde aufnimmt an Lebenskräften, die sie direkt von der Sonne empfängt, alles das steht in Verbindung mit den inneren Kräften, die auf das menschliche Herz vom Blutkreislauf aus wirken. Im Grunde genommen wirken alle diese Kräfte auf den Blutkreislauf und von diesem auf das Herz. Alles, was äußere Theorie in dieser Beziehung ist, ist grundfalsch. Diese äußere Theorie macht heute das Herz zu einer Pumpe, welche das Blut durch den Körper pumpt, sodass man im Herzen zu sehen hätte das Organ, das den Blutkreislauf reguliert. Das Umgekehrte ist wahr. Der Blutkreislauf ist das, was das Ursprüngliche ist, und das Herz gibt in seinen Bewegungen einen Widerklang dessen, was in der Blutzirkulation vor sich geht. Das Blut treibt das Herz, nicht umgekehrt das Herz das Blut. Aber dieser ganze Organismus, der da beschrieben ist und der sich in der Herztätigkeit konzentriert, der ist nichts anderes als das menschliche mikrokosmische Spiegelbild jener makrokosmischen Wirkungen, die die Erde erst von der Sonne empfängt. Was die Erde von der Sonne hat, spiegelt sich wider in dem, was das Blut mit dem Herzen zu tun hat.»[77]

Damit hätten wir also das Herz und die Wirkungen des Blutkreislaufes so zu betrachten wie die Wirkungen der Sonne auf die Erde. Nehmen wir also die Sonnen- das heißt die Licht- und Wärmewirkungen der Sonne von der Erde aus wahr, so können wir diese Wahrnehmungen eigentlich nur mit dem Herzen in Verbindung bringen. Wir können also den aus diesen Licht- und Wärmewirkungen hervorgehenden Jahreslauf mit dem Herzen wahrnehmen.

Steiner betont an dieser Stelle aber auch, dass das Gehirn und somit unser gewöhnliches Verstandesdenken nichts mit der Sonne zu tun hat, sondern mit dem Sternenhimmel. Jeder Mensch trägt in sich, in seinem Gehirn ein Abbild des Sternenhimmels und zwar dadurch individualisiert, dass sich dieses Abbild aus dem Moment seiner Geburt ergibt:

«Und wenn man das Gehirn eines Menschen fotografierte in dem Moment, in dem er geboren wird, und dann auch den Himmelsraum fotografierte, der genau über dem Geburtsort dieses Menschen liegt, so zeigte dieses Bild ganz dasselbe wie das menschliche Gehirn. Wie in diesem gewisse Teile angeordnet sind, so in dem Himmelsbilde die Sterne. Der Mensch hat in sich ein Bild des Himmelsraumes, und zwar jeder ein anderes Bild, je nachdem er da oder dort, in dieser oder jener Zeit geboren ist.»[78]

Unser Gehirn steht mit dem Sternenhimmel in Beziehung und unser Herz mit der Sonne, sodass wir, wenn wir mit dem Herzen denken lernen wollen, unser seelisches Erleben sowohl zum Sternenhimmel wie zur Sonne in eine Beziehung bringen müssen.

Nun ergibt sich dieser Zusammenhang zwischen Sonne und Sternenhimmel dadurch, dass die Sonne

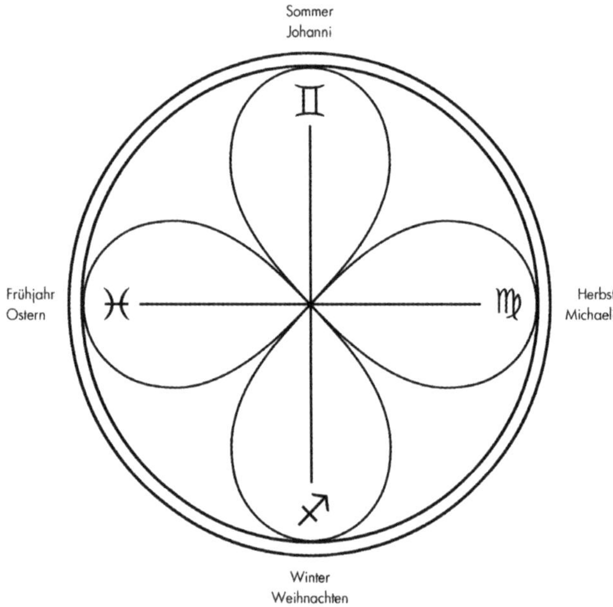

im Jahreslauf ja jeweils vor einem anderen Sternbild erscheint. Sie wandert für unser Erleben in einem Jahr einmal durch den ganzen Tierkreis, das heißt, sie geht an Ostern im Sternbild der Fische auf, zu Johanni steht sie im Sternbild der Zwillinge, zu Michaeli im Sternbild der Jungfrau und an Weihnachten im Sternbild des Schützen.

Wir können unsere Grafik also stellvertretend für den ganzen Tierkreis durch diese vier Tierkreiszeichen ergänzen (s. oben).

Rudolf Steiner hat aufgrund dieses Zusammenhanges von Mikrokosmos und Makrokosmos einen ganzen Kanon von Übungen angegeben, die sowohl mit dem Erleben des Jahreslaufes wie mit dem Tierkreis in Verbindung stehen. Auf diese Übungen, die mit dem von Steiner für das Jahr 1912/13 entwickelten Kalender und dem in diesem enthaltenen *Anthroposophischen Seelenkalender* zusammenhängen, werden wir im nächsten und im letzten Kapitel genauer eingehen. Sie sind in der anthroposophischen Literatur bisher noch nie im Zusammenhang des *Denkens mit dem Herzen* gesehen worden. Der Umgang mit dem Anthroposophischen Seelenkalender und dem Erleben des Tierkreises scheint mir aber aufgrund der oben beschriebenen Zusammenhänge eindeutig in diesen Kontext zu gehören.

Das Denken mit dem Herzen in der Grundsteinmeditation

Aber noch in einer anderen Weise stellt Rudolf Steiner das *Denken mit dem Herzen* in einen kosmischen Zusammenhang, und zwar in der *Grundsteinmeditation.* Dieses vierteilige Mantra hat Steiner nach seinen eigenen Worten bei der Neubegründung der Anthroposophischen Gesellschaft zu Weihnachten 1923 als deren Grundstein in *die Herzen* der an dieser Neubegründung beteiligten Mitglieder gelegt.[79] Das bedeutet, dass die Meditation der Mantren der Grundsteinmeditation als ein Denken mit dem Herzen angesehen werden kann.[80]

Dazu gehört auch der Aspekt, dass Rudolf Steiner gerade bei der Meditation der Mantren der Grundsteinmeditation von *Rhythmen* spricht, durch die diese Meditation geübt werden kann. Diese Rhythmen bestehen in bestimmten Beziehungen, die sich zwischen den einzelnen Mantren ergeben. Dabei werden diese sieben Rhythmen den Tagen der Woche zugeordnet, wodurch sich wiederum eine Beziehung zu den Planeten ergibt, die ebenfalls in die Meditation einbezogen werden kann.[81]

Die meditative Aktivierung des Herzens im Zusammenhang mit dem Makrokosmos – und darauf wollen wir an dieser Stelle näher eingehen – wird in der Grundsteinmeditation aber auch inhaltlich angesprochen, und zwar in ihrem zentralen, mit dem rhythmischen System des Menschen zusammenhängenden Teil:

Menschenseele!
Du lebest in dem Herzens-Lungen-Schlage,
Der dich durch den Zeitenrhythmus
In's eigne Seelenwesensfühlen leitet:
Übe Geist-Besinnen
Im Seelengleichgewichte,
Wo die wogenden Welten-Werde-Taten
Das eigne Ich
Dem Welten-Ich
Vereinen;
Und du wirst wahrhaft fühlen
Im Menschen-Seelen-Wirken.

Im ersten Teil dieses Mantras wird die im rhythmischen System lebende Seele angesprochen und zur Übung des *Geist-Besinnens* aufgerufen, womit in unserem Sinne das Denken mit dem Herzen angesprochen wird. Dabei geht es um jenes Werden und Vergehen, auf das ja auch das Wahrnehmen mit dem Herzen im alten Japan ausgerichtet war, hier jedoch so, dass das eigene Ich nun mit dem Welten-Ich vereinigt erlebt werden kann, woraus sich dann ein wahrhaftes Fühlen ergibt.

Das Erfassen der Wahrheit mit dem Herzen kennen wir bereits aus den oben beschriebenen spirituellen Traditionen. Dessen Weiterentwicklung und das neue Erleben des Herzdenkens ergibt sich nun durch den zweiten Teil dieses Mantras, wo es anschließend heißt:

> Denn es waltet der Christus-Wille im Umkreis
> In den Weltenrhythmen Seelen-begnadend;
> Ihr Lichtes-Geister
> Lasset vom Osten befeuern,
> Was durch den Westen sich formet;
> Dieses spricht:
> In dem Christus wird Leben der Tod.
> Das hören die Geister in Ost, West, Nord, Süd:
> Menschen mögen es hören.

Jetzt wird die Beziehung des Mikrokosmos, des «Herzens-Lungen-Schlages», zum Makrokosmos hergestellt, zu den *Weltenrhythmen,* in denen der *Christus-Wille* waltet. Wie können wir das genauer verstehen?

Gerade darauf zielt ja das Denken mit dem Herzen hin. In den schon mehrfach zitierten Briefen über das Michael-Mysterium beschreibt Rudolf Steiner diesen Aspekt ausführlich:

«Der Mensch weiß sich in einer Wirklichkeit, wenn er der physischen Sonne gegenübersteht und durch sie Wärme und Licht empfängt.

So muss er der geistigen Sonne, Christus, die ihr

Dasein mit dem Erdendasein vereint hat, gegenüber leben und von ihr in der Seele das lebendig empfangen, was in der geistigen Welt der Wärme und dem Licht entspricht. [...]

Und in diesem Erfühlen wird im Menschen in inniger Seelenwärme zusammenwachsen das Erleben in und mit dem Christus und das Erleben echten und wahren Menschentums. ‹Christus gibt mir mein Menschenwesen›, das wird als Grundgefühl die Seele durchwehen und durchwellen.

Und ist erst dieses Gefühl vorhanden, so kommt auch das andere, in dem der Mensch durch Christus sich hinausgehoben fühlt über das bloße Erdensein, indem er sich mit der Sternen-Umgebung der Erde eins fühlt und mit allem, was in dieser Sternen-Umgebung zu erkennen ist als Göttlich-Geistiges.»[82]

Dieses geistige Erleben der Sonnenwirksamkeit und das damit verbundene Wirken der Sternenumgebung der Erde, das mit dem Herzen und dem Kopf zusammenhängt, macht das neue Denken mit dem Herzen aus.

Dadurch wird nun das vorchristliche Erleben der Vergänglichkeit der Dinge in ein Erleben der Auferstehung verwandelt. Denn das Denken mit dem Herzen überwindet die Todeskräfte, die nachchristlich durch das Denken mit dem Kopf immer stärker wirksam wurden:

«In dem Christus wird Leben der Tod»

Das heißt aber, dass diese Auferstehung nicht nur im Menschen dadurch stattfindet, dass er anfängt, mit dem Herzen zu denken. Vielmehr bewirkt das Denken mit dem Herzen, dass die Vergänglichkeit der Dinge in eine *Auferstehung der Dinge* verwandelt wird. Diesen Aspekt bezeichnet Steiner nun als eine *geistige Kommunion,* ja als einen *kosmischen Kultus:*

«Der Mensch sieht nicht mehr in abstrakter Weise mit den Kräften seines Kopfes in die Welt hinein, sondern er beginnt mehr und mehr mit seiner ganzen Wesenheit hineinzuschauen. Und das Zusammenleben mit dem Weltenlaufe wird ihm ein Geschehen von anderer Art als das Zusammenleben mit den Alltagstatsachen. Das Zusammenleben mit dem Weltenlauf wird ihm zum Kultus, und es entsteht der kosmische Kultus, in dem der Mensch in jedem Augenblicke seines Lebens darinnen stehen kann.»[83]

«So ist spirituelle Erkenntnis eine wirkliche Kommunion, der Beginn eines der Menschheit der Gegenwart gemäßen kosmischen Kultus, der dann wachsen kann dadurch, dass der Mensch nun gewahr wird, wie er seinen physisch-mineralischen und seinen vegetabilischen Organismus mit seinem astralischen und

Ich-Organismus durchzieht, wie er dadurch, dass er in sich selber den Geist lebendig macht, nun auch in das, was sonst als Totes, als Ersterbendes ihn umgibt, den Geist hineinbannt.»[84]

Und diese Dimension wird in dem mittleren Teil der Grundsteinmeditation angesprochen, wenn es heißt:

«In dem Christus wird Leben der Tod»

Die Verwandlung unseres toten, abstrakten Denkens in das neue Denken mit dem Herzen, wie es sich im Miterleben des Jahreslaufes und der Bewegung der Sonne durch den Tierkreis vollzieht. Wie es durch die Grundsteinmeditation angeregt wird, ist zugleich eine Verwandlung, die sich in der Welt, im Kosmos selbst vollzieht.

«Was sonst nur abstrakte Erkenntnis wäre, wird zu einem fühlenden und wollenden Verhältnis zur Welt. Die Welt wird zum Tempel, die Welt wird zum Gotteshaus. Der erkennende Mensch, sich aufraffend im Fühlen und Wollen, er wird zum opfernden Wesen. Das Grundverhältnis des Menschen zur Welt steigt auf vom Erkennen zum Weltenkultus, zum kosmischen Kultus.»[85]

Diese Dimension ergibt sich im mittleren Teil der Grundsteinmeditation ja schon im ersten Abschnitt, wo es heißt:

Übe Geist-Besinnen
Im Seelengleichgewichte,
Wo die wogenden Welten-Werde-Taten
Das eigne Ich
Dem Welten-Ich
Vereinen […].

Im zweiten Abschnitt tritt nun die kosmische Dimension der Sonnenwirksamkeit hinzu. Denn das Weben und Leben des Sonnenlichtes wird nun in seinem räumlich-zeitlichen Verlauf differenziert wahrgenommen, dem befeuernden Licht aus dem Osten wird die Gestaltungskraft des Westens hinzugefügt:

Ihr Lichtes-Geister
Lasset vom Osten befeuern,
Was durch den Westen sich formet […].

Die übende Tätigkeit der Seele im Sinne des Herzdenkens ruft im Kosmos konkrete Folgen hervor, die nun ihrerseits von den geistigen Wesen in der Natur *gehört* werden können.

Das hören die Geister in Ost, West, Nord, Süd:
Menschen mögen es hören.

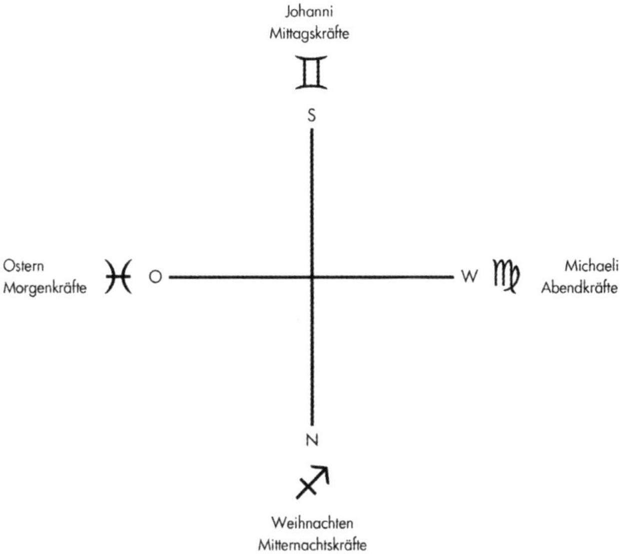

Das lässt sich in unserer Grafik dadurch zum Ausdruck bringen, dass wir ihr nun auch die Himmelsrichtungen und die Tageszeiten hinzufügen.

Für unser Erleben ergibt sich nun, dass wir vom Osten kommend aus dem Zeichen der Fische die Kräfte der aufgehenden Sonne bzw. die Morgenkräfte erleben können, vom Süden bzw. aus dem Zenit im Zeichen der Zwillinge die Mittagskräfte, aus dem Westen im Zeichen der Jungfrau die Kräfte der untergehenden Sonnen- bzw. Abendkräfte und aus dem Norden bzw. von der anderen Seite der Erde durch sie hindurch die Mitternachtskräfte. Dieses hiermit nur angedeutete Erleben werden wir im Kapitel VII weiter vertiefen.

Hier sollte nur darauf hingewiesen werden, dass die nun weiterzuverfolgenden Aspekte des mittleren Teils der Grundsteinmeditation auf das Miterleben der *Weltenrhythmen* ausgerichtet sind und damit auf das *Denken mit dem Herzen*. Die nun folgenden Anregungen zu dessen Entwicklung sollen daher das bisher Dargestellte in praktischer Hinsicht weiter vertiefen.

V. Der anthroposophische Seelenkalender und die geistige Herzfunktion – Anregungen zur Entwicklung des Herzdenkens I

Die Wochensprüche des Anthroposophischen Seelenkalenders

Wir beginnen mit den praktischen Anregungen zur Entwicklung des Herzdenkens, indem wir nun den bisher dargelegten Zusammenhang von Sonne und Herz in den Wochensprüchen des *Anthroposophischen Seelenkalenders* aufsuchen. Damit wollen wir einerseits generell die Meditation des Anthroposophischen Seelenkalenders anregen, andererseits aber besonders den Umgang mit jenen Sprüchen, in denen die spirituelle Herztätigkeit direkt angesprochen wird.[86]

Dazu müssen wir zunächst auf den Aufbau des Seelenkalenders etwas eingehen. Die Wochensprüche sind nämlich so angeordnet und komponiert, dass sich immer zwei Sprüche in ihrem Aufbau «spiegeln». Zur Veranschaulichung soll uns auch hier unsere schon bekannte Grafik dienen. Und zwar nehmen wir die Grafik auf Seite 39, die uns die vier Dimensionen der Herzfunktion veranschaulicht hat, und zeichnen hier nun den Jahreslauf mit den zugehörigen Wochensprüchen ein.

Nun ergibt sich aus der Komposition der Wochensprüche, dass die Sprüche 52 und 1 zu Ostern und 26 und 27 zu Michaeli jeweils spiegelbildlich aufgebaut sind. Zu Johanni und zu Weihnachten sind es die Sprüche 13 und 40, 14 und 39 usw. Das heißt, in der Sommer- und Winterzeit, also in der Zeit der Extreme der Sonnenwirksamkeit, sind die sich spiegelnden Sprüche zeitlich gesehen auch am weitesten voneinander entfernt, während sie zur Zeit der Tag- und Nachtgleiche direkt aufeinander folgen.

Die Sonne und das Herz – Johanni und Weihnachten

Nun schauen wir uns die Sprüche der Johannizeit, der Sommer- und der Weihnachts-Winterzeit in einem Gesamtüberblick genauer an. Dabei greifen wir zugleich alle sieben Sprüche auf, in denen das Herz

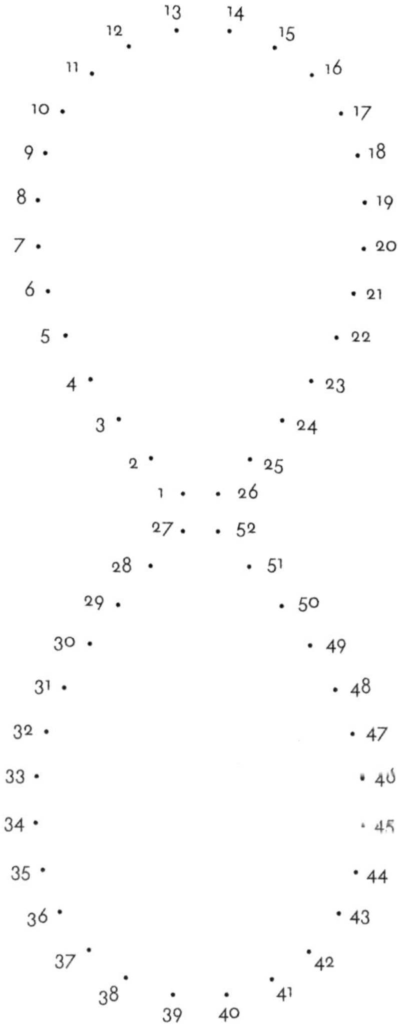

im Seelenkalender angesprochen wird. Von diesen sieben Sprüchen finden sich sechs in der Weihnachtszeit, der siebte in der letzten Februarwoche.

Dabei müssen wir auf die beiden schon im Zusammenhang mit der Herztätigkeit erwähnten Zeitströme zurückkommen. Beim Herzen haben wir gesehen, wie sich in ihm zwei Zeitströme begegnen: im venösen Blut – das aus der Vergangenheit kommende, verbrauchte Blut und im arteriellen Blut – das aus der Zukunft diesem entgegenströmende Blut.

Diese beiden Zeitströme finden wir nun auch in der hier zu betrachtenden Spiegelung der Sommer- und Wintersprüche wieder. Gehen wir von den Sprüchen in der Johanni-Sommerzeit aus, so folgt auf den 10. Spruch der 11. usw. Die entsprechenden Spiegelsprüche aber beginnen mit dem 43. Spruch, dann folgt der 42. usw., d.h. hier verläuft die dem Johannibogen (siehe Grafik, Seite 97) entsprechende Bewegung zeitlich entgegengesetzt, also rückwärts. Und in diesem zeitlich rückwärts gerichteten Bogen der Weihnachtszeit taucht nun das Herz sechsmal auf. Die beiden Sprüche der 5. und der 48. Woche klammern wir bei dieser Betrachtung zunächst einmal aus und beginnen unsere Betrachtung mit der 10. bzw. der 43. Woche.[87]

5 Erste Mai-Woche

Im Lichte das aus Geistestiefen
Im Raume fruchtbar webend
Der Götter Schaffen offenbart:
In ihm erscheint der Seele Wesen
Geweitet zu dem Weltensein
Und auferstanden
Aus enger Selbstheit Innenmacht.

48 Vierte Februar-Woche

Im Lichte das aus Weltenhöhen
Der Seele machtvoll fließen will
Erscheine, lösend Seelenrätsel,
Des Weltendenkens Sicherheit
Versammelnd seiner Strahlen Macht
Im Menschenherzen Liebe weckend.

10 Erste Juni-Woche

Zu sommerlichen Höhen
Erhebt der Sonne leuchtend Wesen sich,
Es nimmt mein menschlich Fühlen
In seine Raumesweiten mit,
Erahnend regt im Innern sich
Empfindung, dumpf mir kündend,
Erkennen wirst du einst:
Dich fühlte jetzt ein Gotteswesen.

43 Vierte Januar-Woche

In winterlichen Tiefen
Erwarmt des Geistes wahres Sein,
Es gibt dem Weltenscheine
Durch Herzenskräfte Daseinsmächte;
Der Weltenkälte trotzt erstarkend
Das Seelenfeuer im Menscheninnern.

11 Zweite Juni-Woche

Es ist in dieser Sonnenstunde
An dir, die weise Kunde zu erkennen.
An Weltenschönheit hingegeben,
In dir dich fühlend zu durchleben:
Verlieren kann das Menschen-Ich
Und finden sich im Welten-Ich.

42 Dritte Januar-Woche

Es ist in diesem Winterdunkel
Die Offenbarung eigner Kraft
Der Seele starker Trieb,
In Finsternisse sie zu lenken
Und ahnend vorzufühlen
Durch Herzenswärme Sinnesoffenbarung.

12 Johannes-Stimmung

Der Welten Schönheitsglanz
Er zwinget mich aus Seelentiefen
Des Eigenlebens Götterkräfte
Zum Weltenfluge zu entbinden;
Mich selber zu verlassen,
Vertrauend nur mich suchend
In Weltenlicht und Weltenwärme.

13 Vierte Juni-Woche

Und bin ich in den Sinneshöhen,
So flammt in meinen Seelentiefen
Aus Geistes Feuerwelten
Der Götter Wahrheitswort:
In Geistesgründen suche ahnend
Dich geistverwandt zu finden.

14 Erste Juli-Woche

An Sinnesoffenbarung hingegeben
Verlor ich Eigenwesens Trieb,
Gedankentraum, er schien
Betäubend mir das selbst zu rauben,
Doch weckend nahet schon
Im Sinnenschein mir Weltendenken.

41 Zweite Januar-Woche

Der Seele Schaffensmacht
Sie strebet aus dem Herzensgrunde
Im Menschenleben Götterkräfte
Zu rechtem Wirken zu entflammen,
Sich selber zu gestalten
In Menschenliebe und im Menschenwerke.

40 Erste Januar-Woche

Und bin ich in den Geistestiefen,
Erfüllt in meinen Seelengründen
Aus Herzens Liebewelten
Der Eigenheiten leerer Wahn
Sich mit des Weltenwortes Feuerkraft.

39 Fünfte Dezember-Woche

An Geistesoffenbarung hingegeben
Gewinne ich des Weltenwesens Licht,
Gedankenkraft sie wächst
Sich klärend mir mich selbst zu geben
Und weckend löst sich mir
Aus Denkermacht das Selbstgefühl.

15 Zweite Juli-Woche

Ich fühle wie verzaubert
Im Weltenschein des Geistes Weben,
Es hat in Sinnesdumpfheit
Gehüllt mein Eigenwesen,
Zu schenken mir die Kraft,
Die ohnmächtig sich selbst zu geben
Mein Ich in seinen Schranken ist.

38 Weihe-Nacht-Stimmung

Ich fühle wie entzaubert
Das Geisteskind im Seelenschoß,
Es hat in Herzenshelligkeit
Gezeugt das heil'ge Weltenwort
Der Hoffnung Himmelsfrucht,
Die jubelnd wächst in Weltenfernen
Aus meines Wesens Gottesgrund.

16 Dritte Juli-Woche

Zu bergen Geistgeschenk im Innern
Gebietet strenge mir mein Ahnen,
Dass reifend Gottesgaben
In Seelengründen fruchtend
Der Selbstheit Früchte bringen.

37 Dritte Dezember-Woche

Zu tragen Geisteslicht in Weltenwinter-
nacht
Erstrebet selig meines Herzens Trieb,
Dass leuchtend Seelenkeime
In Weltengründen wurzeln
Und Gotteswort im Sinnesdunkel
Verklärend alles Sein durchtönt.

17 Vierte Juli-Woche

Es spricht das Weltenwort
Das ich durch Sinnestore
In Seelengründe durfte führen:
Erfülle deine Geistestiefen
Mit meinen Weltenweiten
Zu finden einstens mich in dir.

36 Zweite Dezember-Woche

In meines Wesens Tiefen spricht
Zur Offenbarung drängend
Geheimnisvoll das Weltenwort:
Erfülle deiner Arbeit Ziele
Mit meinem Geisteslichte
Zu opfern dich durch mich.

Der Johanni-Bogen beginnt also mit der 10. Woche.[88] Hier taucht das Bild des leuchtenden Wesens der Sonne auf. Die Sonne wird im Seelenkalender explizit nur zweimal angesprochen, nämlich im 1. Spruch der Osterwoche und in diesem Spruch der zehnten Woche. In diesem Spruch geht die ganze Aktivität von der Sonne aus. Ihr leuchtendes Wesen «nimmt mein menschlich Fühlen in seine Raumesweiten mit». Dem steht nun spiegelbildlich im 43. Spruch die Wärme und Aktivität des Geistes gegenüber, der «dem Weltenscheine durch Herzenskräfte Daseinsmächte gibt». Schon hier, gleich zu Beginn, tritt die im vorigen Kapitel ausführlich betrachtete Entsprechung von Sonne und Herz offensichtlich hervor. Was im 10. Spruch durch die Sonnenaktivität geschieht, findet im 43. Spruch sein Äquivalent in den Herzenskräften.

Merkwürdig ist die zweite Aussage des 10. Spruches, die von einer zukünftigen Erkenntnis kündet, die am Ende des hier zu betrachtenden Johanni-Bogens dann beschrieben wird: «Erkennen wirst du einst, dich fühlte jetzt ein Gotteswesen». Was für ein Gotteswesen ist hier gemeint? Hier wird nun offensichtlich, dass das mit der Meditation des Seelenkalenders verbundene Denken mit dem Herzen keine abstrakte Tätigkeit des Menschen mehr ist, sondern vom Kosmos aus mitempfunden wird. Die meditative Tätigkeit wird vom Kosmos aus begleitet, ja beantwortet. Und das geschieht nun nicht punktuell, sondern über sieben Wochen hinweg!

Schon der nächste Spruch der elften Woche lässt die Voraussetzung dieses Erlebens deutlich werden: «Verlieren kann das Menschen-Ich und finden sich im Welten-Ich». Mit diesem Hingegebensein korrespondiert im Spiegelspruch der 42. Woche die vom Herzen ausgehende aktive Wärme, die das Winterdunkel erhellen und erwärmen soll. Denn die Winter- und Weihnachtssprüche thematisieren alle das Dunkel und die Kälte der Winternacht, die jeweils vom Herzen aus erleuchtet und erwärmt werden muss, so, wie es makrokosmisch im Sommer durch die Sonne geschieht.

Während die Sommerwärme und die Weltenschönheit die Seele im Sommer geradezu «zwingen», ihre Götterkräfte mit Weltenlicht und Weltenwärme zu verbinden, wie es im 12. Spruch heißt, wird im 41. Spruch der Tiefwinterzeit «der Seele Schaffensmacht» aufgerufen, die «Götterkräfte im Menschenleben zu rechtem Wirken zu entflammen». Wieder ist es hier das Herz, das zur Aktivität aufgerufen wird. Und wieder taucht die Entsprechung zwischen «Welten Schönheitsglanz» und dem «Herzensgrunde» auf.

Im 13. Spruch nun hat die Seele den Höhepunkt des Jahres erreicht, und sie wird nun durch «der Götter Wahrheitswort» aufgerufen, sich in «Geistesgründen geistverwandt zu finden». Gespiegelt wird dieser Jahreshöhepunkt in der Johannizeit nun durch das Bild der Jordantaufe im Epiphanias-Spruch der 40. Woche, wo sich «der Eigenheiten leerer Wahn mit des Weltenwortes Feuerkraft» erfüllen soll. Woher aber kommt die Feuerkraft des Weltenwortes? «Aus Herzens Liebewelten».

An diesem Höhepunkt im Sommer angekommen gilt es, sich nochmals zurückzubesinnen auf die im 10. Spruch ausgesprochene Prophezeiung: «Erkennen wirst Du einst: Dich fühlte jetzt ein Gotteswesen.» Denn ab dem 13. Spruch wird die Seele gewissermaßen wie betäubt und läuft somit Gefahr, das im 10. Spruch angesprochene «Fühlen eines Gotteswesens» gewissermaßen zu verträumen. Deshalb ruft der 14. Spruch das im «Gedankentraum» betäubte Selbst dazu auf, das im Sinnenschein lebende «Weltendenken» als «weckend» zu erleben. Im 40. Spruch taucht deshalb das Herz nicht auf. Sondern an seiner Stelle wird durch «Gedankenkraft» und «Denkermacht» das «Selbstgefühl» aufgerufen. Dieses aus dem Denken heraus sich lösende «Selbstgefühl» tritt hier im 40. Spruch an die Stelle des Herzens. Das im Tiefwinter zu Weihnachten aus «Denkermacht» aktivierte «Selbstgefühl» ruft gewissermaßen als Spiegelung im Hochsommer das Weltendenken hervor.

Der 15. Spruch beschreibt nun das weiterhin träumende «Eigenwesen», das «im Weltenschein des Geistes Weben wie verzaubert fühlt». Dieser Spruch spiegelt sich nun in der «Weihnachtsstimmung», in der «in Herzenshelligkeit» durch das «Geisteskind im Seelenschoß» das «heil'ge Weltenwort gezeugt» wird. Und es zeigt sich, dass dieses an Weihnachten gezeugte «Weltenwort» «in Weltenfernen jubelnd wächst». Diese «Weltenfernen» hängen aber mit der «Herzenshelligkeit im Seelenschoß» zusammen. Und das zeigt sich eben in der Spiegelung dieses Vorganges in der Sommerzeit, in den «Weltenfernen».

Denn hier muss nun im 16. Spruch das «Geistgeschenk» im Innern geborgen werden. In jenem Inneren, aus dem im Winter das «Geisteskind» gezeugt wurde. Und zwar sollen aus diesem Geistgeschenk «Gottesgaben reifen» und der «Selbstheit Früchte bringen». Dabei sieht man nun in dem ganzen Geschehen etwas Zyklisches wirken. Denn einerseits bildet die Herzenstätigkeit des Winters die Voraussetzung für das sommerliche Sonnenerleben, dessen Intensität ja davon abhängt, dass eben jenes «Weltendenken», das im Winter «des Weltenwortes

Feuerkraft» aus «Herzens Liebewelten» hervorquellen ließ, als weckend und die Sinnesbetäubung überwindend erlebt werden kann. Andererseits bildet das sommerliche Erleben «eines Gotteswesens» und das «Bergen» des «Geistgeschenkes» die Voraussetzung dafür, dass das Selbst zu jenem Selbstgefühl erweckt werden kann, von dem im 39. Spruch die Rede ist.

Hat die Seele den Sommerbogen in Korrespondenz zum Winterbogen durchschritten, so kommt sie nun zum abschließenden 17. Spruch, wo es plötzlich heißt, dass das «Weltenwort, das ich durch Sinnestore in Seelegründe durfte führen», anfängt, zu mir zu sprechen: «Erfülle deine Geistestiefen mit meinen Weltenweiten zu finden einstens mich in dir.» Nun also ist es geschehen. Oder nicht? Ist das Weltenwort tatsächlich durch die Sinnestore in meine Seelengründe geführt worden, sodass ich es einstens, nämlich zu Weihnachten, in mir wieder finden kann?

Und diese Frage des Sommers spiegelt sich in dem 36. Spruch des Advents, kurz vor Weihnachten, wo eben dieses Weltenwort nun, nachdem es «in Seelengründen fruchtend» gewirkt hat, «zur Offenbarung drängend in meines Wesens Tiefen spricht». Dort aber kann es nur anfangen zu sprechen, wenn ich es in dieser Sommerzeit «durch Sinnestore in Seelengründe durfte führen». Darauf also zielt jene Prophezeiung des 10. Wochenspruches ab, auf eine Begegnung mit dem Weltenwort, das nicht nur von mir «in Seelengründe» geführt werden darf, sondern dass als «ein Gotteswesen» mich «fühlt». Nicht umsonst betont Rudolf Steiner im Vorwort zum Seelenkalender, dass in der Meditation der Wochensprüche an ein *fühlendes* Selbsterkennen gedacht ist.

Das Herzdenken – ein fühlendes Selbsterkennen

In diesem *fühlenden Selbsterkennen* nun können wir eine deutliche Weiterentwicklung der in der östlichen und in der christlichen Tradition geübten *Reinheit des Herzens* erblicken. Denn die Meditation dieser Wochensprüche ruft eben nicht nur ein Fühlen mit dem Herzen auf, sondern ein Denken mit dem Herzen, das in den makrokosmischen Vorgängen beginnt, sich selbst zu erkennen, das heißt die Sonnennatur des Denkens, die ihr Organ im Herzen findet und die sich in den rhythmischen Gestaltungen des Jahreslaufes und in dessen zeitlich-räumlichen Zusammenhängen widerspiegelt. Daher betont Steiner:

«Es können ihm (dem Menschen) aber große Geheimnisse des Daseins aufgehen, wenn er seinen zeitlosen Wahrnehmungs- und Gedankenrhythmus in entsprechender Weise zum Zeitenrhythmus der Natur in Beziehung bringt. So wird das Jahr zum Urbilde menschlicher Seelentätigkeit und damit zu einer fruchtbaren Quelle echter Selbsterkenntnis.»[89]

Und nicht nur das. Denn wie wir im Kapitel IV gesehen haben, führt diese Art der Meditation und des Herzdenkens zu einer *geistigen Kommunion:*

«Was sonst nur abstrakte Erkenntnis wäre, wird zu einem fühlenden und wollenden Verhältnis zur Welt. Die Welt wird zum Tempel, die Welt wird zum Gotteshaus. Der erkennende Mensch, sich aufraffend im Fühlen und Wollen, er wird zum opfernden Wesen.»[90]

Dieses Opfer wird am Ende des oben beschriebenen Weges im 36. Spruch ja vom «Weltenwort» angesprochen, indem es von einem «zu opfern dich durch mich» spricht. Und dieses Opfer spiegelt sich im Sommer in dem durch die «Sinnesstore in die Seelengründe geführten Weltenwort».

Wir haben diese Betrachtung der Herzensqualität im Seelenkalender von der Sommerseite aus verfolgt, wobei die Spiegelsprüche des Winters in rückwärtiger Folge meditiert werden. Wir können das Ganze aber auch von der Winterseite aus anschauen, also vom 36. Spruch aus vorwärts; dann kommen wir bis zum 43. Spruch und finden danach im 48. Spruch der letzten Februarwoche den Abschluss des Herzensweges im Seelenkalender, der gewissermaßen eine Art Schulungsweg zur Entwicklung der Herzenskräfte im Denken darstellt.[91]

In diesem 48. Spruch wird nun das Herzdenken konkret angesprochen, indem «des Weltendenkens Sicherheit seiner Strahlen Macht versammelt» und dadurch «im Menschenherzen Liebe weckend» wirkt. In dem dazu gehörigen Spiegelspruch der 5. Woche erweitert sich, «im Lichte, das aus Geistestiefen der Götter Schaffen offenbart, der Seele Wesen zu dem Weltensein».

Dieses Erwecken der Liebe durch das Herzdenken und die meditative Arbeit mit dem Seelenkalender wird in folgendem Motto angesprochen:

«Der Mensch wird immer mehr Mensch, indem er Ausdruck der Welt wird; er findet sich, indem er sich nicht sucht, sondern in Liebe sich wollend der Welt verbindet.»[92]

Die geschilderten Zusammenhänge werden sich dem Leser oder der Leserin nicht mit einem Mal oder schon beim ersten Lesen erschließen. Denn alle meditative Arbeit erfordert ein wiederholtes, rhythmisches *Geist-Besinnen.* Wie kann der noch Ungeübte sich ein solches Geist-Besinnen, das schließlich zum Denken mit dem Herzen führen kann, erschließen?

Wie wir an den ausgewählten Wochensprüchen des Seelenkalenders gesehen haben, geht es nicht nur um ein einfaches Verstehen dessen, was gemeint ist, sondern um ein Hin- und Her-Bewegen, um ein Beziehungshaftes. So wie die Bewegung des Herzens sich aus dem Blutkreislauf ergibt, so entwickelt sich das Denken mit dem Herzen hier durch eine innere Denkbewegung zwischen den sich spiegelnden Worten und Sätzen. So kann man beispielsweise auch die verschiedenen Qualitäten des Herzens in den Sprüchen 37 bis 43 und 48 miteinander in Beziehung bringen, also: *Herzens-Trieb, Herzenshelligkeit, Herzens-Liebewelten, Herzensgrund, Herzenswärme, Herzenskräfte, Menschenherz.*

Aber nicht nur um eine Bewegung des Denkens geht es, sondern zugleich um die Beziehung zum äußeren Erleben der jeweiligen Jahreszeit, zu den Licht- und Wärmeverhältnissen, zu den Vegetationsverhältnissen usw. Das Miterleben des Jahreslaufes ist ja ein sich jährlich wiederholender Vorgang, der uns Jahr für Jahr immer ein Stück weiterbringt, sowohl im Erleben der Naturphänomene wie im inneren Umgang mit den Wochensprüchen des Seelenkalenders.

Einen streng methodisch vorgeschriebenen Weg der Meditation der Wochensprüche gibt es jedoch nicht. Die hier angeregte Meditation der Sommer-

und Wintersprüche mit ihrem Kern im Herzen des Menschen stellt nur eine von vielen Möglichkeiten des meditativen Arbeitens mit dem Seelenkalender dar. Der hier aufgezeigte Meditationsweg sollte jedoch den Zusammenhang mit dem Herzdenken und die Möglichkeit von dessen Entwicklung an einem, so bisher noch nicht praktizierten Beispiel aufzeigen.

VI. Die Ausbildung des Herzchakra – Anregungen zur Entwicklung des Herzdenkens II

Nun kommen wir zu einem weiteren Aspekt des Herzdenkens, nämlich zu dessen physiologischer Grundlage. Bisher haben wir das Denken mit dem Herzen auf die Physiologie des physischen Herzens bezogen und dabei gesehen, wie diese Physiologie des Herzens makrokosmisch mit der Sonne zusammenhängt. Auch haben wir das physische Herz in seinem Zusammenhang mit dem Blutkreislauf und mit dem Gehirn angeschaut. Nun weist Rudolf Steiner aber in dem hier vorangestellten Motto darauf hin, dass das Denken mit dem Herzen nicht mit dem physischen Herzen, sondern mit dem ihm entsprechenden geistigen Organ, der zwölfblättrigen Lotusblüte oder dem Herzchakra erfolgt.

Auf die Chakrenlehre und auf das Herzchakra möchten wir an dieser Stelle nun nicht ausführlicher eingehen, denn dazu ist eine reichhaltige Literatur bereits vorhanden.[93] Vielmehr geht es uns hier nun darum, einen bestimmten Aspekt des Herzchakras und eine bestimmte Meditation, die bislang noch nie in diesen Zusammenhang gestellt wurde, genauer zu betrachten.

Zunächst machen wir uns die Bedeutung des Herzchakras im Hinblick auf das Denken mit dem Herzen nochmals klar. Indem der Mensch beginnt, sein Denken vom Kopf, das heißt also, vom Gehirn zu lösen, bildet sich zunächst in der Mitte der Stirn das Stirnchakra oder die zweiblättrige Lotusblüte aus. Das reine, intuitive Denken stützt sich auf dieses Organ:

«Dieses Denken wird dadurch frei und unabhängig gemacht von allen sinnlichen Eindrücken und Erfahrungen. Es wird gewissermaßen in einen Punkt zusammengefasst, welchen der Mensch ganz in seiner Gewalt hat. Dadurch wird ein vorläufiger Mittelpunkt geschaffen für die Strömungen des Ätherleibes. Dieser Mittelpunkt ist zunächst noch nicht in der Herzgegend, sondern im Kopfe.»[94]

Einerseits beschreibt Steiner die Entwicklung desjenigen, der sich auf dem anthroposophischen Schulungsweg durch Meditations- und andere Übungen entwickeln will, so, dass sich zunächst dieses Zentrum in der Stirn bildet, das sich dann allmählich zum Kehlkopfchakra hinbewegt und erst in einem dritten Schritt zum Herzchakra, wo sich dann das eigentliche Zentrum des übersinnlichen Organismus der Chakren ausbildet.

Andererseits schildert Steiner die okkulte Entwicklung aber auch so, dass er das in unserem Buch beschriebene Herzdenken auf dieses Organ gestützt sieht, zu dessen weiterer Ausbildung er die bekannten *sechs Eigenschaften,* die er auch als *sechs Nebenübungen* bezeichnet, als notwendig erachtet. Sie stehen also, wie auch die bereits in der Einführung erwähnte anthroposophische Literatur immer betont hat, in sehr enger Beziehung zur Entwicklung des Herzdenkens. Und zwar deshalb, weil es bei jeder geistigen Entwicklung immer so ist, dass es nicht genügt, nur Meditationsübungen zu machen, sondern weil zu jeglicher geistigen Entwicklung immer auch eine moralische Entwicklung dazu gehört.

Das zeigt sich auch in den von uns betrachteten historischen Formen des *Sehens mit dem Herzen,* vor allem da, wo es um die *Reinheit des Herzens* ging. Insofern überrascht es uns nicht, dass zur Entwicklung des Herzdenkens die moralische Komponente unabdingbar dazu gehört. In dem Vortrag, in dem Steiner das Herzdenken am ausführlichsten behandelt hat,[95] werden noch weitere zur Entwicklung des Herzdenkens notwendige Eigenschaften hervorgehoben, auf die wir hier jedoch nicht weiter eingehen wollen, weil sie in diesem Vortrag sehr ausführlich dargestellt werden. Wir wollen uns hier auf einen Aspekt, der mit den *sechs Eigenschaften* zusammenhängt, beschränken, und das ist die Übung der *Positivität.*

Das bedeutet auch, dass wir im Hinblick auf die oben beschriebenen Darstellungen Steiners zur Bedeutung des Herzchakras für den anthroposophischen Schulungsweg davon ausgehen, dass dessen Entwicklung nicht erst dann beginnt, wenn der Geistesschüler die vorangehenden Stufen der Entwicklung des Stirnchakras, die Steiner auch mit der *Imagination* in Beziehung setzt, und der Entwicklung des Kehlkopfchakras, die er mit der *Inspiration* verbindet, bereits bewältigt hat, sondern dass das Herzchakra für die Entwicklung des Herzdenkens von Anfang an eine zentrale Rolle spielt.[96]

Von den genannten *sechs Eigenschaften* Konzentration des Denkens, Stärkung des Willens, Gleichmut im Fühlen, Positivität, Unvoreingenommenheit und Harmonisierung der fünf anderen Eigenschaften, hängen die ersten drei mit dem Denken, dem Willen und dem Fühlen zusammen, die Unvoreingenommenheit mit Denken und Wollen, die Harmonisierung mit allen drei Seelenkräften, die Positivität aber mit *Denken und Fühlen*. Daher scheint sie uns am engsten mit der Entwicklung des Herzdenkens verbunden zu sein. Diese Übung soll deshalb hier nun ausführlicher behandelt werden.

Die Positivitätsübung und das kritische Bewusstsein

Das Verstandesdenken und die Logik bringen es mit sich, dass wir mit dem Kopf vor allem eines können: *Kritik üben*. Ein kritisches Bewusstsein wird uns vor allem von den Naturwissenschaften, in allen technischen Belangen und im Alltag heute ständig abverlangt. Wo kämen wir ohne ein kritisches Bewusstsein sonst auch hin? Das kritische Bewusstsein ist aber vor allem auf eines ganz besonders ausgerichtet: auf *Fehler jeglicher Art*. Das heißt, durch unser vom Verstandesdenken zur Kritik erzogenes Bewusstsein bemerken wir die *Fehler,* welcher Art auch immer, meistens zuerst. Insbesondere gilt dies aber für die Fehler, die wir an anderen Menschen wahrnehmen. Die Schwächen des Anderen zeigen sich unserem kritischen Blick immer zuerst, wir ärgern uns über sie, wir sprechen darüber mit anderen usw. Das gilt natürlich nicht nur für das private Leben, sondern generell auch für Menschen, die wir persönlich gar nicht kennen. So bestehen viele Gespräche über unsere Politiker zumeist darin, dass wir uns über ihre Schwächen unterhalten. Besonders deutlich tritt dieses Verhalten in den Bereichen auf, in denen wir uns anonym bewegen, in den sogenannten *sozialen Netz-*

werken. Nirgends sind Schadenfreude, Häme und Beschimpfungen weiter verbreitet als im *Internet*, das diese kritische Seite unseres Denkens noch einmal in der ihm eigentümlichen, nämlich anonymen Form massiv steigert.

Aber auch ohne Internet gilt: *Nichts fällt uns heutzutage leichter als Kritik in jeglicher Form.* Aber warum ist das so? Warum kommt uns Kritik so viel leichter über die Lippen als ein anerkennendes Wort oder ein Lob? Warum sehen wir immer nur die Schattenseiten und nicht das Licht? Das hängt eben mit dem Verstandesdenken zusammen, zu dessen hauptsächlichen Eigenschaften es gehört, die Dinge voneinander zu trennen, sie zu unterscheiden und zu bewerten. Und in der Kritik bewerten wir die Dinge negativ. Aber warum fällt uns das so leicht?

Mit dem Unterscheidungsvermögen des Verstandesdenkens geht in erster Linie einher, dass wir uns selbst von anderem und anderen unterscheiden, wir setzen uns gegenüber den anderen ab, wir distanzieren uns von ihnen. Diese Distanz aber ist im Seelischen der Ausdruck von Antipathie. Schon das kleine Kind äußert diese Distanz, wenn es in die Trotzphase kommt, die dazu dient, dass es sich von den anderen Menschen absondern und unterscheiden kann. Um eine eigenständige Persönlichkeit, ein Ich zu entwickeln, braucht es diese Geste der Antipathie. Ohne diese würden wir uns nicht von unserer Umgebung und den anderen Menschen unterscheiden können.

Und somit wird die dem Verstandesdenken eigene Haltung der Antipathie zu einem Grundmuster menschlichen Verhaltens schlechthin. Wollen wir nun aber unser Denken weiterentwickeln und vom Kopf lösen, um es mit dem Herzen zu verbinden, müssen wir lernen, diese uns quasi angeborene kritisch-negative Haltung zu überwinden. Dies wird wohl besonders jenen Menschen schwer fallen, die das kritische Bewusstsein auch aus beruflichen Gründen noch weiter trainiert haben. Zu diesen Berufsgruppen gehören beispielsweise Polizeibeamte oder Kontrolleure, aber auch Journalisten und auch die Lehrer. Sie alle sind darauf aus, Fehler nicht nur zu entdecken, sondern zu ahnden und ins Bewusstsein der Öffentlichkeit zu rücken. Und was wären wir ohne diese Menschen, die eine solch undankbare Aufgabe im Dienste der Allgemeinheit auf sich nehmen?

Aber schauen wir uns eine Berufsgruppe, die Lehrer, einmal genauer an. Denn hier zeigt sich sehr bald, dass ein kritisches Bewusstsein zwar notwendig ist, denn welcher Schüler wird es seinem Lehrer am Ende nicht danken, dass er ihn auf einen oder mehrere Fehler aufmerksam gemacht hat. Aber es geht ja weiter, denn in der Erziehung geht es nicht nur um unsere Fehler, sondern es geht primär um die Entwicklung unseres Charakters und um das Freilegen unserer Potenziale. Und hier ist es seitens der Lehrer schon sehr viel schwieriger, mit Kritik angemessen umzugehen. Denn dabei kommt nun allzu leicht das Persönliche zum Tragen. Dem einen behagt diese oder jene Schwäche eines Schülers oder einer Schülerin nicht, dem anderen eine andere; die positiven Potenziale aber geraten leicht in den Hintergrund.

Erst durch eine vom kritischen Blick des Einzelnen gelöste Betrachtungsweise zeigt sich nämlich das wahre Wesen eines Kindes. Hier geht es also wieder um das, was wir oben in unserer historischen Betrachtung als das *Sehen mit dem Herzen* kennengelernt haben. In einer *Kinderbesprechung,* wie sie an Waldorfschulen von den mit einem Kind beschäftigten Lehrern praktiziert wird, wird über all die negativen Urteile, die zum Teil berechtigt, zum Teil unberechtigt sein mögen, hinweg versucht, ein objektives, wahres Bild eines Kindes entstehen zu lassen.[27] Und hier setzt nun auch die Übung der Positivität an.

Der liebevolle Blick und seine Voraussetzungen

Worauf schaue ich bei einer Sache oder bei einem Menschen hin, wenn ich auf das Positive sehen will? Zunächst muss ich es tatsächlich wirklich wollen, mich also von meinem Habitus, immer nur das Negative zu sehen, lösen. Nicht um den Schatten, sondern um den Menschen, um die Sache, die den Schatten wirft, geht es jetzt. Dazu aber braucht es nicht nur die Überwindung unserer Antipathien, sondern vor allem eines: ein *liebevolles* Hinschauen, einen *liebevollen* Blick.

Wie aber lernen wir, *liebevoll zu schauen*? Hier können wir bemerken, dass diese Qualität nicht nur etwas mit dem Herzen, sondern auch mit der *Sonne* zu tun hat. Denn was würden wir tun, wenn die Sonne nur für diejenigen scheinen würde, die ihr sympathisch sind? Sie scheint für alle Menschen, sie unterscheidet nicht zwischen gut oder schlecht. Denn auch für die Schlechten ist das Sonnenlicht die Voraussetzung, dass sie sich bessern können.

Im sogenannten *Hohelied der Liebe* charakterisiert Paulus die Liebe unübertrefflich so:[98]

«Die Liebe ist langmütig und freundlich, die Liebe eifert nicht, die Liebe treibt nicht Mutwillen, sie bläht sich nicht auf, sie verhält sich nicht ungehörig, sie sucht nicht das ihre, sie lässt sich nicht erbittern, sie rechnet das Böse nicht zu, sie freut sich nicht über Ungerechtigkeit, sie freut sich aber an der Wahrheit [...].»

Und damit sind eigentlich alle Voraussetzungen eines liebevollen Blickes genannt. «Sie freut sich aber an der Wahrheit [...].» Das könnte man auch von der Positivität sagen, denn keinesfalls geht es darum, negative Seiten zu ignorieren oder durch eine rosa Brille zu schauen. Es geht vielmehr darum, die andere Seite des Schattens, die Lichtseite ins Auge zu fassen, die häufig nicht so einfach zu Tage tritt, sich einem liebevollen Blick jedoch bald erschließt.

Zur Positivität gehört aber noch ein Zweites, denn häufig wird das Negative, gerade im Zwischenmenschlichen, ja durch das Reden übermittelt. Und es gibt wohl nichts Schädlicheres unter Menschen als das negative Reden über andere. Um die Positivität auch in das Sprechen zu bringen, ist eine zweite Übung, im gewissen Sinne eine Vorübung zur Positivität erforderlich, die aus dem achtgliedrigen Pfad des Buddha stammt und die bei Rudolf Steiner als *die richtige Meinung* bezeichnet wird:

«Auf seine Vorstellungen (Gedanken) achten. Nur bedeutsame Gedanken denken. Nach und nach lernen, in seinen Gedanken das Wesentliche vom

Unwesentlichen, das Ewige vom Vergänglichen, die Wahrheit von der bloßen Meinung zu scheiden.

Beim Zuhören der Reden der Mitmenschen versuchen, ganz still zu werden in seinem Innern und auf alle Zustimmung, namentlich alles abfällige Urteilen (Kritisieren, Ablehnen), auch in Gedanken und Gefühlen, zu verzichten.»[99]

Diese Übung ist gewissermaßen die Voraussetzung für die Positivitätsübung, und hier wird auch der Zusammenhang mit der Sprache deutlich. «Ganz still zu werden in seinem Innern und auf alle Zustimmung, namentlich alles abfällige Urteilen, auch in Gedanken und Gefühlen», soll unterbleiben. Stattdessen soll das «Wesentliche», das «Unvergängliche» aufgesucht werden. Erst wenn wir die negativen Urteile in uns zum Schweigen gebracht haben, werden wir auch in der Lage sein, unsere Sprache zu beherrschen. Der liebevolle Blick und die ihm entsprechende Redeweise haben diese Fähigkeit des Schweigenlassens abfälliger Urteile zur Voraussetzung, sie gilt es also, im Sinne der Positivität zu üben.

Vom Umgang mit negativer Selbstbewertung

Eine besondere Klippe der Positivitätsübung liegt jedoch darin, dass wir häufig auch uns selbst gegenüber negativ eingestellt sind. Das heißt, wir bewerten uns unbewusst negativ, erkennen nicht, was wir an Positivem erfahren oder geleistet haben, sehen unsere eigenen Fortschritte nicht oder wollen sie nicht sehen, stattdessen hadern wir mit unseren Schwächen. Das heißt, dass wir die Positivität auch uns selbst gegenüber erst lernen müssen.

Eine negative, abwertende Einstellung sich selbst gegenüber ist aber nicht immer leicht zu überwinden. Denn häufig liegen ihr tiefgreifende, nicht verarbeitete Erfahrungen aus der Vergangenheit zugrunde, die das eigene Verhalten in negativer Weise geprägt haben. Solche nicht verarbeiteten Erfahrungen sind uns bei genauerer Prüfung durchaus bewusst, aber sie sind auf dem Grund unserer Seele als Ballast liegengeblieben und bilden so einen Untergrund für die negative Selbstbewertung. Rudolf Steiner hat solch seelischen Ballast einmal wie folgt charakterisiert:

«Es gibt in der menschlichen Seele eine Art von Inseln, die dastehen, ich möchte sagen, in entgegengesetzter Art wie andere Inseln. Wenn man im Meer ist, so kann man sagen, man fasst festen Fuß auf einer Insel. Das Seelenleben des Menschen kann, wenn es auf solche unterbewussten Einschlüsse stößt, von denen es kein deutliches Bewusstsein hat, allerlei Gefährdungen erleben. Diese Inseln können im gewöhnlichen Leben am leichtesten dadurch umgangen werden, dass der Mensch versucht, von einem späteren Standpunkt seines Lebens aus zu begreifen, was da auf ihn gewirkt hat. Es wirkt ungeheuer gesundend für den Menschen, wenn man ihm eine Art von Weltauffassung geben kann, durch die er in die Lage kommt, diese Seeleninsel zu begreifen, sie zu ertragen. Würde man ohne Weiteres eine menschliche Seele hinführen zu diesen Klippen, so würde sie erst recht beirrt werden. Gibt man dem Menschen aber die Möglichkeit, diese Dinge zu verstehen, sich selbst mit gewissem Verständnis aufzufassen, dann kommt er leichter darüber hinweg, wenn er diese Dinge einzureihen vermag in sein gesamtes Seelenleben.»[100]

Es geht also darum, solche negativ wirksamen *Seeleninseln* in das eigene Seelenleben zu integrieren, damit sie aufhören, sich in negativer Weise bemerkbar zu machen. Man kann nun beginnen, solche Erfahrungen, die der Positivität sich selbst gegenüber hindernd im Wege stehen, dadurch zu verarbeiten und in das eigene Seelenleben zu integrieren, indem man zum Beispiel eine biografische Rückschauübung anstellt, die in drei Schritten verläuft.[101]

Es geht in unserem Zusammenhang jedoch nicht darum, schwerwiegende, möglicherweise traumatische, meist in der Kindheit liegende Erfahrungen zu verarbeiten. Denn das sollte eher nicht alleine, sondern mit therapeutischer Unterstützung geschehen.[102] Das gilt vor allem für Formen habitueller negativer Einstellungen sich selbst gegenüber, die oft auch in Form von Depressionen auftreten. Die oben zitierte Aussage Steiners schließt solche Erfahrungen durchaus mit ein, kann aber eben auch auf solche Erlebnisse bezogen werden, wie wir sie im Folgenden behandeln wollen.

Uns geht es hier um Erlebnisse, in denen man sich selbst ungut verhalten hat, also Erfahrungen, die nicht unbedingt in die Kindheit zurückführen, sondern die aus der näheren Vergangenheit stammen können. Solche negativen Erfahrungen mit sich selbst treten immer wieder auf, ohne dass wir uns mit ihnen tiefergehend auseinandersetzen. Das aber führt dazu, dass sich eine negative Einstellung uns selbst gegenüber nahezu unbewusst festsetzt. Dadurch aber wird die Übung der Positivität unnötig erschwert. Hier kann nun die folgende Rückschauübung hilfreich sein.

Man betrachte also in der Rückschau eine Situation,

in der man einen Fehler gemacht hat, sich anderen Menschen oder einer Situation gegenüber nicht angemessen verhalten hat. Ich gebe hier ein reales Beispiel aus meinem eigenen Erleben:

In einer im Umbruch begriffenen Einrichtung habe ich den Bericht eines Freundes über eine negativ verlaufene Sitzung, an der verschiedene Menschen, mit denen ich es selbst schwer hatte, beteiligt waren, zum Anlass genommen, eine Mitarbeiterin, die mit diesen Menschen ebenfalls Schwierigkeiten hatte, über diesen angeblich negativen Verlauf jener Sitzung zu informieren. Diese wiederum erzählte das von mir Kolportierte einer weiteren Kollegin weiter, die daraufhin in Panik geriet, weil sie meinte, der negative Verlauf jener Sitzung würde für sie gravierende Folgen haben. Meine negative Auffassung des mir Berichteten und das dem entsprechende Kolportieren hatte also eine Art Kettenreaktion ausgelöst.

Nun stellte sich am Tag danach jedoch durch den Bericht einer anderen an der Sitzung beteiligten Person heraus, dass der Sitzungsverlauf so negativ gar nicht gewesen war, dass er vielmehr eine positive Wendung genommen hatte, wodurch mein negatives, aus dem mir zuerst zugekommenen Bericht entstandenes Urteil sich als falsch herausstellte.

Nunmehr ärgerte ich mich natürlich über mich

selbst, dass ich nach dem ersten mir übermittelten Bericht nicht eben jenen zweiten Bericht abgewartet hatte und stattdessen durch meine Kolportage eine unnötige Kettenreaktion ausgelöst hatte. Diese musste ich nun durch entsprechende Korrekturen wieder auflösen, was die ganze, ohnehin schon schwierige Situation zusätzlich aufheizte, worüber ich mich natürlich noch mehr ärgerte.

Um solchen Ärger nun nicht weiter mit sich herumzutragen, ihn «in sich hineinzufressen», wie man sagt, mache man nun eine dreiteilige Rückschauübung und blicke im ersten Schritt zunächst mit klarem Blick auf die «verpatzte» Situation, indem man sie innerlich akzeptiert und sich sagt: «Ja, so war es». Man erkennt in der inneren Rückschau auf das Vergangene an, dass es eben so und nicht anders gewesen ist. Dabei geht es darum, diese *Anerkennung ohne Bewertung* vorzunehmen, das heißt, nicht weiter damit zu hadern oder sich weiterhin über sich selbst zu ärgern.

Nun gehe man im zweiten Schritt von der *Vergangenheit* innerlich in die *Gegenwart* über und schaue die heutige, aktuelle Situation mit der Frage an: «Wie würde ich, wenn jenes Ereignis sich heute wieder ereignen würde, jetzt mit dieser Situation umgehen?» Auch diese Situation lasse man innerlich vor sich ablaufen und lasse innerlich das eigene, aktualisierte Verhalten entstehen.

Und dann stelle man sich in einem dritten Schritt Folgendes vor Augen:

«In einer ähnlichen Art werde ich einmal (wahrscheinlich erst in künftiger Inkarnation) vor einem solchen Ereignisse stehen, und ich werde mich dann zu benehmen haben, wie ich es damals nicht gewusst habe und jetzt weiß.»[103]

Durch diesen dritten Schritt kann man nun das ursprüngliche Ereignis in positiver Weise dem eigenen Schicksal einverleiben. Das Geschehen bleibt damit nicht in seiner negativen Form unverarbeitet, sondern wird in den eigenen Ätherleib, den eigenen Lebens- und Zeitorganismus positiv integriert.[104]

In dem oben beschriebenen Beispiel habe ich mir die Situation für die Gegenwart dann so vorgestellt, dass ich den ersten negativen Bericht erst einmal so stehen gelassen hätte, um abzuwarten, ob es nicht noch eine andere Sichtweise der Vorgänge in jener Sitzung geben würde. Und diese gab es ja tatsächlich, ich hatte nur zu schnell geurteilt und mein Urteil dann weiterkolportiert. Würde mich das Ereignis in der Zukunft wieder treffen, dann würde ich also abwarten und kein vorschnelles Urteil weitertragen.

Eine sich auf solche Übungen stützende, verwandelte Haltung sich selbst gegenüber ist eine der Voraussetzungen für die hier besprochene Positivität und damit auch für das Herzdenken. Wenn wir auf der einen Seite mehr vom *Denken* und seiner Verbindung mit dem Herzen gesprochen haben, so handelt es sich hier nun auch um die Verbindung des *Willens* und der *Moralität* mit dem Herzen.

Machen wir uns abschließend nochmals klar: Negative Urteile sich selbst gegenüber sind nicht nur unnötig, sondern schädlich. Diese schädliche Wirkung haben selbstverständlich auch alle negativen Urteile und erst recht alles negative Reden über andere Menschen. Und sie beruhen, wie wir gesehen haben, häufig auf unverdauten negativen Erfahrungen mit sich selbst. Diese nicht integrierten Erfahrungen aber bilden dann jene Inseln im eigenen Lebensleib, von denen Steiner in dem obigen Zitat gesprochen hat. Sie entziehen unserem Leben Kraft und wirken dadurch abbauend.

Daher wirken negative Urteile über andere Menschen auch *im Sozialen* abbauend. Wo nur auf die Schatten hingeblickt wird, verschwindet das Leben spendende Licht. *Die Positivität* dagegen lässt die Dinge so wie sie sind, enthält sich der negativen Bewertungen und lässt das Licht der Sonne auch dahin scheinen, wohin es bisher noch nicht scheinen konnte.

Die Meditation der Herzensgüte

Dass die Übung der Positivität mit der Ausbildung des Herzchakra, dem Organ für das Herzdenken, in engem Zusammenhang steht, konnte aus der Beschreibung dieser Übung sicherlich deutlich werden. Es gibt nun aber noch eine andere, von Rudolf Steiner nur ein einziges Mal beschriebene Meditation, die mit der Entwicklung des Herzdenkens in Beziehung steht: die Meditation der *Herzensgüte.*[105] Bei dieser Meditation geht es erneut um die Beziehung des Denkens zum Fühlen. Es wird dabei nämlich ein Gefühl zum Meditationsinhalt gemacht, das sich an einer Idee entzünden soll: das Gefühl der *Freude.* Dabei geht es um die Idee der *Herzensgüte.*

Zunächst einmal mache man sich klar, was Herzensgüte ist. Gewöhnlicherweise wird man dazu nach Beispielen aus der eigenen Erfahrung suchen, also nach Menschen, denen man diese Seelenqualität zuschreiben würde. Ein herzensguter Mensch ist wohl jemand, der seine eigenen Interessen vollkommen hinter die Interessen anderer Menschen zurückstellt, der sich also ganz und gar den anderen Menschen zuwenden kann, ohne dabei an irgendeinen Eigennutzen zu denken.

Nun geht es bei dieser Meditation aber darum, die

Idee der Herzensgüte zu entwickeln. Was ist diese Idee? Die Idee der Herzensgüte ist dasjenige Allgemeine, was allen einzelnen Handlungen der Herzensgüte in der sinnlichen Welt zugrunde liegt. Ich muss mir also die Qualität der Herzensgüte unabhängig von einem Beispiel aus der sinnlichen Erfahrung bilden. Wie aber kann ich das anstellen? Dazu möchte ich ein Beispiel geben.

Ich selbst habe mir diese Idee dadurch gebildet, dass ich mir nicht einen einzelnen Menschen vorgestellt, sondern mich gefragt habe: Gibt es irgendwo ein Ereignis in der Menschheitsgeschichte, wo diese Idee in einmaliger Vollkommenheit zum Ausdruck gekommen ist? Und ein solches Ereignis gibt es tatsächlich: das Mysterium von Golgatha! Denn man kann sich anhand der anthroposophischen Christologie zu einem Verständnis dieses Mysteriums durcharbeiten und dadurch den folgenden Zusammenhang begreifen:

Als einzelner Mensch unterliege ich in vielen meinen Handlungen meinem Schicksal, das sich aufgrund von bestimmten Handlungen in früheren Erdenleben gebildet hat. Dieses mein Karma bringt es mit sich, dass ich bestimmte Handlungen deshalb vollbringe, weil dies aufgrund meines Karmas notwendig ist. Ich handle also im Sinne meines Karmas nicht frei, sondern bin an mein Karma, an mich selbst, gebunden. Ich bin als Mensch auch dadurch auf mich bezogen und somit egoistisch, dass ich meine eigenen Interessen über die der anderen Menschen stelle. Dadurch aber bewirke ich neues Karma, durch das ich lernen muss, selbstlos zu werden.

Erst wenn ich alle meine karmischen Schulden abgearbeitet haben werde, das heißt also, selbstlos geworden bin, kann ich wirklich vollkommen frei handeln, das heißt, mich ohne Eigeninteresse anderen Menschen in Herzensgüte zuzuwenden. In meinem jetzigen Erdenleben ist mir dies also nur in begrenztem Maße möglich. Es gibt aber natürlich Menschen, die die Herzensgüte schon in größerem Maße bereits ausüben können.

Es gibt in der Erdenentwicklung aber eine Wesenheit, die sich als Mensch verkörpert hat, ohne ein Erdenkarma, also eigene Interessen zu haben: Die Christus-Wesenheit! Sie hat sich aus völliger Freiheit, also nicht um ihrer selbst willen, sondern um der Befreiung der Menschheit willen als Mensch inkarniert, als ein Mensch ohne irdisches Karma. Der Christus konnte daher aus vollkommener Freiheit und damit aus reiner Herzensgüte handeln. Seine Verkörperung und damit sein Erdenleben ist der reine, ideale Ausdruck von Herzensgüte!

In diesem Gedankengang erscheint die Herzensgüte in ihrer allgemeinsten, reinen Form und damit die *Idee* der Herzensgüte.

Dieser gedankliche Aufbau ist nun aber für die von Rudolf Steiner beschriebene Meditation nur die Vorbereitung für die eigentliche Meditation. Diese soll nun im Anschluss an die so oder auf eine andere Weise erzeugte Idee der Herzensgüte das *Gefühl der Freude* entwickeln, ein Gefühl, das sich an einer Idee entzündet. Diese Meditationsübung ist deshalb sehr anspruchsvoll, weil es nicht nur um einen gedanklichen Aufbau, sondern vor allem um das zu entwickelnde Gefühl geht, die *Freude.*

In dem von mir gewählten beispielhaften Aufbau kann dieses Gefühl nun an der Stelle einsetzen, wo das Mysterium von Golgatha sich vollendet hat. Denn der Christus hat sich ja nicht nur als Mensch verkörpert und mithin für die Menschheit geopfert, sondern er ist für die Menschheit *gestorben,* um dieses Erdenschicksal aller Menschen zu durchleiden und dann durch seine Auferstehung zu überwinden. Diese Auferstehung feiert die Menschheit mit dem Osterfest. Das Osterfest aber ist mit einer Freude verbunden: Der Freude über die Auferstehung des Christus. Das von Rudolf Steiner als Meditationsinhalt gegebene Gefühl der Freude kann also in unserem Beispiel als *Osterfreude* empfunden und vertieft werden. Urbildlich findet sich diese Osterfreude bei Matthäus (28, 1-8) beschrieben in der Szene, wo der Engel Maria Magdalena und der anderen Maria die Auferstehung ihres Herrn verkündet:

«Und sie gingen eilends weg vom Grab mit Furcht und großer Freude und liefen, um es seinen Jüngern zu verkündigen.»

Es ist sicher nicht so einfach, diese Meditation zu vollziehen, und sie wird sicher auch nicht jedem Menschen liegen. Zudem gibt es natürlich auch andere Wege, diese Meditation auszuführen. Eine zusätzliche Möglichkeit, das Gefühl der Freude zu vertiefen, bietet nun aber der Anthroposophische Seelenkalender mit dem Spruch, der den Anfang des Kalenders bildet, mit dem *Osterspruch,* in dem wiederum das Bild der Sonne auftaucht:

Wenn aus den Weltenweiten
Die Sonne spricht zum Menschensinn
Und Freude aus den Seelentiefen
Dem Licht sich eint im Schauen,
Dann ziehen aus der Selbstheit Hülle
Gedanken in die Raumesfernen
Und binden dumpf
Des Menschen Wesen an des Geistes Sein.

Auch hier ist von einer Freude die Rede, von der Osterfreude, die sich an der Sonne entzündet. Und auch hier ist es nicht nur dieses Gefühl, sondern hier folgen dem Gefühl der Freude Gedanken, die sich aus der «Selbstheit Hülle» mit dem Kosmos verbinden. Damit aber berühren wir wieder die oben bereits dargestellte Natur des *Denkens mit dem Herzen*. Anhand der Meditation, der Idee der Herzensgüte in Verbindung mit dem Mysterium von Golgatha, kann das Gefühl der Freude mit diesem Osterwochenspruch vertieft werden. Dabei wird dann die Sonne selbst zum Ausdruck der Herzensgüte.

Bei diesen Andeutungen wollen wir es nun belassen und die weitere meditative Beschäftigung mit dem Thema der Herzensgüte und dem Gefühl der Freude dem Leser oder der Leserin selbst überlassen. Im abschließenden Kapitel VII wenden wir uns nun noch einmal der Sonne und dem Licht zu, von dem in dem zitierten Osterwochenspruch ebenfalls die Rede war.

VII. Die Wahrnehmung des Sonnenlichtes und die Wirksamkeit der Verstorbenen – Anregungen zur Entwicklung des Herzdenkens III

Der Kalenderimpuls Rudolf Steiners

In diesem letzten Kapitel wollen wir nun auf eine weitere Übung eingehen, die nur sehr wenig bekannt ist und mit der Entwicklung des Herzdenkens bisher nicht in Verbindung gebracht wurde. Uns scheint sie aber in diesen Zusammenhang zu gehören. Warum, das wird sich gleich zeigen.

Im Jahr 1911 stellte die Künstlerin *Imme von Eckartstein* (1871–1930), die bei den Aufführungen der Mysteriendramen in München die Kostüme herstellte, Rudolf Steiner die Frage nach einem neuen Kalender und nach neuartigen Tierkreiszeichen. Sie suchte nach einer Erneuerung des Kalenderwesens. Auf die Details dieses Erneuerungsimpulses, der mit der Stiftung einer *Gesellschaft für theosophische Art und Kunst* in engem Zusammenhang stand, wollen wir hier nicht weiter eingehen, denn er ist in der Sekundärliteratur vielfach beschrieben worden.[106]

Erinnern wir uns zunächst an das oben in Kapitel IV bereits Dargestellte. Die Sonne steht makrokosmisch mit unserem Herzen in Beziehung, unser Kopf mit den Sternbildern. Das Verhältnis von Kopf und Herz kommt also makrokosmisch in der Stellung der Sonne zu den Tierkreisbildern zum Ausdruck. Bei der Antwort auf die Frage von Imme von Eckartstein nach einer Erneuerung der alten astrologischen Tierkreiszeichen ging es Rudolf Steiner nun um ein reales Anknüpfen an diese makrokosmischen Gegebenheiten und zwar in bewusster Anknüpfung an das Mysterium von Golgatha. Der Kalender von 1912/13 trug nämlich den Titel *Im Jahre 1879 nach des Ich Geburt*. Damit kam zum Ausdruck, dass der Tod des Christus auf Golgatha im Jahr 33 der Ausgangspunkt für eine Erneuerung des Kalenderwesens und der Tierkreiszeichen sein sollte.[107]

Der erste Teil des neuen Kalenders umfasste demgemäß ein Kalendarium mit jeweils einem neuen Tierkreiszeichen für jeden Monat und zwar mit Ostern beginnend. Das Kalendarium der Erstausgabe begann mit der Woche vor Ostern am 1. April 1912 und endete mit der Woche nach Ostern am 31. März 1913. Im zweiten Teil des Kalenders aber fand sich erstmalig der *Anthroposophische Seelenkalender,* von dessen Wochensprüchen wir ja bereits gesprochen haben.

Die Übung, die Rudolf Steiner Imme von Eckartstein 1911 gegeben hat, ist zwar nur mündlich überliefert, im Vorwort zu dem Kalender aber auch schriftlich angedeutet. Wir zitieren hierzu aus dem Vorwort des Kalenders 1912/13, das bislang noch nicht in der Gesamtausgabe veröffentlicht wurde:

«In den folgenden Kalenderangaben ist in den fortlaufenden Monatsfiguren die Tatsache, dass der Blick, der sich bei aufgehender Sonne nach dieser richtet, zugleich auf ein Sternbild fällt, jeweilig durch eine symbolische Figur ausgedrückt [...]. In diesem Kalender sind statt der gebräuchlichen Zeichen für die Stellungen der Sonne zu den Tierkreisbildern solche gefügt, welche das Erlebnis an den Welterscheinungen, das der Mensch bei aufgehender Sonne in den entsprechenden Monaten haben kann, in ein charakteristisches intuitives Bild bringt. So findet man in den fortlaufenden Monatsbildern Ausdrücke für die Seelen-Erlebnisse, welche ein Mensch haben kann, der die Veränderungen im Weltenwerden mitfühlend verfolgt, und sie wie in einer Schrift durch die Sonnenstellung zum Ausdruck bringt. Wie man das einfache Erlebnis: ‹ich empfinde die nächtliche Finsternis dem Lichte weichen› zum Ausdrucke bringen kann in den Worten: ‹die Sonne geht auf›, so würde das kompliziertere Seelenerlebnis: ‹ich fühle frühlingmäßig die Erde sich zum neuen Wachstum bereiten und Sonnenkraft zunehmen› seinen Ausdruck finden in den Worten: ‹die aufgehende Sonne wird in der Richtung nach den Fischen gesehen›. Und diese Beziehung des Seelenerlebnisses zu einem Weltvorgang ist sinnbildlich in den Monatsbildern der folgenden Kalenderangaben zum Ausdrucke gebracht.»[108]

Das Monatsbild bzw. Tierkreiszeichen, das Imme von Eckartstein für die Fische gezeichnet hat, sah so aus:

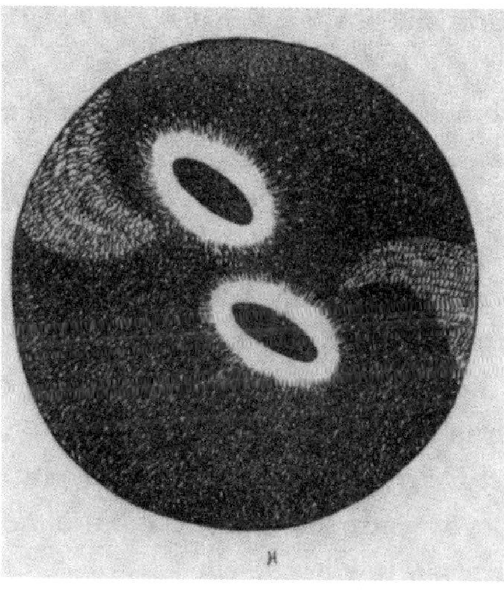

Das Erlebnis des Sonnenaufgangs

Nun kommt es uns im Zusammenhang mit der Anregung des Herzdenkens an dieser Stelle weniger auf die Gestaltung der neuen Tierkreiszeichen an, sondern vielmehr auf die Übung, die Rudolf Steiner in diesem Zusammenhang angeregt hat, nämlich die meditative Wahrnehmung des Sonnenlichtes bei Sonnenaufgang in Richtung des jeweiligen Tierkreisbildes. Es geht hierbei also nicht um astrologische Fragen, sondern um reale Beobachtungen der Natur des Sonnenlichtes bei Sonnenaufgang zu den verschiedenen Jahreszeiten, das heißt aber konkret, der Wahrnehmung der Sonnenwirksamkeit vor einem der zwölf Tierkreisbilder.[109]

Wie kann man sich dieser Wahrnehmungs- und Meditationsübung konkret nähern? Dazu ist es sinnvoll, sich eines astronomischen Kalenders wie des Sternkalenders von Wolfgang Held zu bedienen.[110] Darin ist zum einen angegeben, wann sich die Sonne in welchem Tierkreisbild befindet, zum anderen aber sind hier die Sonnenaufgangszeiten vermerkt, die sich aber auch in vielen Tageszeitungen finden. So wird man in der Osterzeit, also Ende März bis Mitte April, anhand des Kalenders ersehen, dass die Sonne in den Fischen gegen 6:30 Uhr aufgeht.[111]

Die Übung sollte nur bei möglichst klarem Himmel gemacht werden, denn bei schlechtem Wetter sind die Beobachtungsbedingungen zu ungünstig. Und man sollte sich in die freie Natur begeben und sich einen Standort suchen, von dem aus der Sonnenaufgang am nordöstlichen Horizont auch wahrgenommen werden kann, es sei denn, man wohnt an einem Ort, vom dem aus sich der Sonnenaufgang jeden Morgen gut beobachten lässt. Nun beginnt die Übung jedoch am besten in der Dämmerung, also etwa eine Stunde, wenn man weniger Zeit hat, eine halbe Stunde vor Sonnenaufgang. Je länger man aber vor Sonnenaufgang beginnt, umso interessanter wird die Übung.[112] Denn in der beginnenden Dämmerung zeigen sich zahlreiche Phänomene, die man so bei aufgehender Sonne nicht mehr wahrnimmt. Das beginnt zunächst am Himmel. Dort sieht man bei einsetzender Dämmerung noch vereinzelte Sterne und kann bei genauerem Hinsehen auch einzelne Sternbilder erkennen. Je näher aber der Sonnenaufgang rückt, desto mehr verlöschen die Sterne, und der Himmel beginnt, sich nach und nach blau zu färben. Die blaue Farbe hat er in der Nacht nicht, und in der Dämmerung ist seine Farbe eher grau.

Schauen wir in die uns umgebende Natur bei einsetzender Dämmerung, so erscheint uns auch diese in den verschiedensten Grautönen, ja wir sehen die Bäume, die Felder oder was auch immer eigentlich nicht räumlich, sondern wie zweidimensional. Erst bei zunehmender Helligkeit entstehen die Farben und damit auch der räumliche Eindruck. Das Grün der Wiesen und Wälder wird erst langsam wirklich sichtbar. Hierbei ist es sehr wichtig, sich aller Theorien über die Entstehung der Farben, des Lichtes etc. vollständig zu enthalten und wirklich nur auf das zu achten, was wir tatsächlich wahrnehmen. Je mehr wir also das theoretisierende Kopfdenken ausschalten, desto mehr werden wir tatsächlich wahrnehmen und *staunen!* Denn vieles von dem, was es hier zu entdecken gibt, haben wir, wenn wir diese Übung die ersten Male machen, tatsächlich so noch nie gesehen. Und auf diese Freude des Entdeckens und Staunens kommt es bei dieser Übung sehr stark an. So wird man zum Beispiel die Gesichtsfarbe der Mitmenschen, die einen möglicherweise begleiten, erst nach und nach entstehen sehen.

Dann aber setzt die Beobachtung des Himmels mit sich näherndem Sonnenaufgang ein. Und auch hier verändern sich die Farben ständig. Aber nicht nur in Richtung der aufgehenden Sonne, sondern auch im Westen, ja am gesamten Horizont ringsum ist das Farbenspiel des Sonnenaufgangs wahrzunehmen.

Im Zentrum der Aufmerksamkeit steht aber nun mit einsetzendem Sonnenaufgang tatsächlich der Himmelsort, an dem die Sonne aufgeht und damit eben auch das dahinter stehende, nicht sichtbare Tierkreisbild. Anhand eines Sternkalenders oder einer drehbaren Sternkarte kann man sich die Lage der Tierkreisbilder am Himmel verdeutlichen. Und nun geht es darum, den Licht- und Farbeindruck festzuhalten, der sich vor und bei Sonnenaufgang einstellt. Macht man die Übung in einer Gruppe, kann man diese Eindrücke natürlich austauschen und dadurch ergänzen. Doch oft reichen Worte kaum aus, um das gewaltige Farbenspiel zu beschreiben, zumal sich die Farben praktisch ununterbrochen verändern.

Mal zeigt sich ein rötlicher, mal ein mehr ins Blaue gehender Farbton, dann entsteht mehr ein orangener Farbton oder er changiert ins Violette. Eine halbe Stunde vor Sonnenaufgang dehnen sich die Farben oft weit über den Horizont aus, und es zeigen sich mitunter auch am westlichen Horizont Farben. Je näher die Sonne aber kommt, desto konzentrierter wird das Farbenspiel. Besonders reizvoll wird das Farbenspiel, wenn Wolken am Himmel stehen, weil diese die Farben reflektieren.

Ist die Sonne schließlich aufgegangen, klingt das Farbenspiel ab. Es entsteht ein leicht orangener Farbton, der aber ganz regelmäßig ist und sich, je höher die Sonne steigt, langsam verliert. Und dieses ganze Farbenmeer, das sich über etwa eine Dreiviertelstunde ausdehnt, ändert seine Farben nun von Monat zu Monat. Die Farbtöne, die Ausdehnung, die Dramatik ist jeweils eine andere. Mit einiger Übung kann man versuchen, sich den Ablauf des Farbenspiels innerlich zu vergegenwärtigen und dadurch den Eindruck insgesamt zu verdichten. Man kann die Übung aber auch dadurch weiter vertiefen, dass man das Erlebte künstlerisch gestaltet und anschließend oder zu einem späteren Zeitpunkt malerisch oder zeichnerisch festhält.[113]

Interessant ist es natürlich auch, die Umgebung auf der Erde zu beobachten. Ist man beispielsweise im Mittelgebirge, wo es Wälder und Berge ringsumher gibt, sodass der Horizont von einem Hügel verdeckt ist, so geht die Sonne also hinter einem Hügel auf und erscheint für uns dann erst etwas später. Dabei zeigt sie sich, wenn wir nach Osten gewendet schauen, zuerst an den hinter uns liegenden Erhebungen oder Baumspitzen und erreicht uns am Boden erst nach einer Weile. Aber auch andere Eindrücke wie zum Beispiel der Geruch des Waldes oder eines Stapels gefällter Bäume kann mit dem Sonnenaufgang plötzlich intensiver werden. Auch beginnt die Luft sich mitunter stärker zu bewegen usw. Alle diese Eindrücke gehören zu dem Geschehen des Sonnenaufgangs dazu.

Auf dieses geheimnisvolle Geschehen bei Sonnenaufgang hat insbesondere *Goethe*, der durch seine Farbenlehre ja mit dem Licht in allen seinen Erscheinungsformen durch eigenständige Beobachtung bestens vertraut war, in seinem *Faust II* in der *Ariel-Szene* hingewiesen, wo die verschiedenen Phasen der Dämmerung und der Sonnenaufgang minutiös nachgezeichnet werden. Hier heißt es:

FAUST
Des Lebens Pulse schlagen frisch lebendig,
Ätherische Dämmerung milde zu begrüßen;
Du, Erde, warst auch diese Nacht beständig
Und atmest neu erquickt zu meinen Füßen,
Beginnest schon, mit Lust mich zu umgeben,
Du regst und rührst ein kräftiges Beschließen,
Zum höchsten Dasein immerfort zu streben. –
In Dämmerschein liegt schon die Welt erschlossen,
Der Wald ertönt von tausendstimmigem Leben,
Tal aus, Tal ein ist Nebelstreif ergossen,
Doch senkt sich Himmelsklarheit in die Tiefen,
Und Zweig und Äste, frisch erquickt, entsprossen
Dem duft'gen Abgrund, wo versenkt sie schliefen;

Auch Farb' an Farbe klärt sich los vom Grunde,
Wo Blum' und Blatt von Zitterperle triefen –
Ein Paradies wird um mich her die Runde.

Hinaufgeschaut! – Der Berge Gipfelriesen
Verkünden schon die feierlichste Stunde;
Sie dürfen früh des ewigen Lichts genießen,
Das später sich zu uns hernieder wendet.
Jetzt zu der Alpe grüngesenkten Wiesen
Wird neuer Glanz und Deutlichkeit gespendet,
Und stufenweis herab ist es gelungen; –
Sie tritt hervor! – und, leider schon geblendet,
Kehr' ich mich weg, vom Augenschmerz durchdrungen.

So ist es also, wenn ein sehnend Hoffen
Dem höchsten Wunsch sich traulich zugerungen,
Erfüllungspforten findet flügeloffen;
Nun aber bricht aus jenen ewigen Gründen
Ein Flammenübermaß, wir stehn betroffen;
Des Lebens Fackel wollten wir entzünden,
Ein Feuermeer umschlingt uns, welch ein Feuer!
Ist's Lieb'? ist's Hass? die glühend uns umwinden,
Mit Schmerz und Freuden wechselnd ungeheuer,
So dass wir wieder nach der Erde blicken,
Zu bergen uns in jugendlichstem Schleier.

So bleibe denn die Sonne mir im Rücken!
Der Wassersturz, das Felsenriff durchbrausend,
Ihn schau' ich an mit wachsendem Entzücken.
Von Sturz zu Sturzen wälzt er jetzt in tausend,
Dann abertausend Strömen sich ergießend,
Hoch in die Lüfte Schaum an Schäume sausend.
Allein wie herrlich, diesem Sturm ersprießend,
Wölbt sich des bunten Bogens Wechseldauer,
Bald rein gezeichnet, bald in Luft zerfließend,
Umher verbreitend duftig kühle Schauer.
Der spiegelt ab das menschliche Bestreben.
Ihm sinne nach, und du begreifst genauer:
Am farbigen Abglanz haben wir das Leben.[114]

Aber auch in den verschiedenen Religionen spielte die Beobachtung des Sonnenaufgangs immer eine große Rolle, wovon die vielen Sonnengesänge der Menschheit ein deutlicher Ausdruck sind.[115] Einen besonders treffenden Ausdruck der Kräfte, die bei Sonnenaufgang wirksam sind, hat aber der deutsche Maler der Romantik, *Philipp Otto Runge* (1777–1810), mit seinem Bild *Der kleine Morgen*, das er 1808 in Öl gemalt hat, geschaffen.

Wenn man dieses Bild auf sich wirken lässt, spürt man etwas von den Kräften, die hinter der Sonne vom Tierkreis aus wirksam sind. Denn Runge zeigt hier ein

ganz kleines, neugeborenes Kind, dem von Engelwesen die Kräfte der aufgehenden Sonne, zugeführt werden. Darum herum sieht man überall sprießende und sprossende Pflanzen. Damit wird auf die im kleinen Kinde stark wirksamen Wachstumskräfte, die ätherischen Bildekräfte, hingewiesen, die dem kleinen Kind aus dem ätherischen Wesen des Kosmos, das heißt aus der Region des Tierkreises, zuströmen und die seinen Leib aufbauen. Diese uns unsichtbaren Kräfte werden in den Lichtwirkungen der Sonne bei Sonnenaufgang erlebbar.[116]

Das reale Wahrnehmen von Sonnen- und Tierkreiswirkungen

Uns geht es hier vor allem darum, diese Übung nun in gewissen Abständen, zum Beispiel wöchentlich oder doch ein- bis zweimal im Monat, zu wiederholen, um nun auf die sich einstellenden Veränderungen der Licht- und Farbenwirkung des Sonnenaufgangs aufmerksam zu werden. Je nachdem, wie viel Zeit man hier investieren kann und wie bereit man ist, entsprechend früh am Morgen aufzustehen, werden sich die Eindrücke verdichten.

Schon im zweiten Monat, sofern die Sonne nun in einem anderen Tierkreisbild aufgeht, stellen sich deutliche Veränderungen ein. Bisher hat man auf diese unterschiedlichen Licht- und Farbenverhältnisse kaum geachtet, denn bei Tageslicht verschwinden diese Farbeindrücke. Wir haben es hier, wie wir in Kapitel IV bereits angedeutet haben, mit einem Erleben der *Morgenkräfte* zu tun, die aber zu den unterschiedlichen Jahreszeiten, je nachdem, vor welchem Tierkreisbild die Sonne sich befindet, sehr unterschiedlich wirken.

In ähnlicher Weise kann man nun auch die Abenddämmerung und den Sonnenuntergang beobachten, und man wird auch hier feststellen, dass die Farben des Abendrots im Jahreslauf ebenfalls stark changieren. So ist der Abendhimmel in den Sommermonaten in einem warmen und leuchtenden Goldton zu sehen, den er in den anderen Jahreszeiten nicht hat. Man kann dann diese *Abendkräfte* in den Farben des Abendhimmels mit den *Morgenkräften* in den Farben des Morgenhimmels zur jeweiligen Jahreszeit vergleichen und wird auch hier die erstaunlichsten Beobachtungen machen können.

Wie der Einzelne diese Übung weiter ausgestaltet, sei jedem selbst überlassen. Hier ging es zunächst nur darum, diese von Rudolf Steiner angeregte Übung in einfacher Form zu beschreiben und damit ein eigenständiges Üben anzuregen, das anhand der Licht- und Farbenwirkungen auf das Zusammenspiel der Sonne mit den Tierkreiskräften ausgerichtet ist.[117]

Wir sehen sowohl in diesen Wahrnehmungsübungen wie auch in den Meditationen der Wochensprüche des Seelenkalenders konkrete Beispiele für einen meditativen Umgang mit der Zeit, die eben in bestimmten Rhythmen verläuft.[118] Darauf und auf die mit diesen Rhythmen verbundene Wirksamkeit des im Erdenumkreis wirksamen Christus zielt auch der oben bereits zitierte mittlere Teil der Grundsteinmeditation hin:

> Denn es waltet der Christus-Wille im Umkreis
> In den Weltenrhythmen Seelen-begnadend;
> Ihr Lichtes-Geister
> Lasset vom Osten befeuern,
> Was durch den Westen sich formet [...].

Durch unsere Übung der Beobachtung der Licht- und Farbenverhältnisse bei Sonnenaufgang und bei Sonnenuntergang bekommt diese Meditation einen konkreten Bezug zum Tages- und Jahresverlauf und damit zu jenen im Grundsteinspruch angesprochenen «Lichtesgeistern». Das räumliche Verhältnis der Sonne zum Tierkreis wird dadurch konkret in seinem zeitlichen Ausdruck wahrnehmbar, und wir dringen vom abstrakten Theoretisieren über astronomische oder astrologische Verhältnisse zu einem realen Erleben der kosmischen Verhältnisse vor. Und damit beginnen wir zu realisieren, was Rudolf Steiner meinte, wenn er über dieses Erleben schrieb:

«Den in kosmischen Bildern aufleuchtenden, das Weltenschaffen in sich bergenden Äther erlebt man. Und die in diesem Äther webenden Sonnenkräfte [...].»[119]

Damit wird aber zugleich eine über das Verstandesdenken hinausreichende höhere Sphäre des Verstehens, das neue *Denken mit dem Herzen* realisiert, das Rudolf Steiner auch als *imaginatives Erleben* bezeichnet hat.

Durch das Denken mit dem Herzen fällt nun nämlich die Trennung, die wir sonst immer zwischen unseren Gedanken und unseren Wahrnehmungen haben, weg. Wir erleben die Dinge unmittelbar.

«Denn ob etwas wahr oder falsch ist, ob man dieses oder jenes zu sagen hat über ein Ding oder eine Tatsache der höheren Welten, dazu sind nicht Überlegungen notwendig wie beim gewöhnlichen Denken, sondern das ergibt sich unmittelbar. Sobald man die Bilder vor sich hat, weiß man, was man sich selber und anderen darüber zu sagen hat. Dieses Unmittelbare, das ist das Charakteristische des Herzdenkens.»[120]

Dieses unmittelbare Erleben der Einheit von Denken und Wahrnehmung ist das entscheidende Charakteristikum des Denkens mit dem Herzen. Und wir verstehen jetzt durch das eigene Üben und Erleben konkreter, welche Art des seelischen Erlebens Rudolf Steiner im Auge hatte, indem er mit dem Satz

«Die Herzen beginnen, Gedanken zu haben.»[121]

auf die neu zu schaffende Verbindung des Herzens mit dem Kopf hinwies.

Die Wirksamkeit der Verstorbenen im Licht

Das Verhältnis zu den im Grundsteinspruch angesprochenen «Lichtesgeistern» kann nun aber durch einen weiteren bedeutsamen Zusammenhang vertieft werden, den wir aus dem Studium der Geisteswissenschaft Rudolf Steiners zunächst einmal nur zur Kenntnis nehmen können, um ihn dann mit unseren am Sonnenlicht gemachten meditativen Erfahrungen zu vertiefen.

Rudolf Steiner hat in zahlreichen Vorträgen[122] und in seiner *Geheimwissenschaft im Umriss* über das Leben der Verstorbenen zwischen dem Tod und einer neuen Geburt gesprochen. Wir können dieses Leben nach dem Tod hier natürlich nicht ausführlich darstellen, wollen dabei aber auf einen besonderen Aspekt hinweisen. Hierzu geben wir zunächst einen skizzenhaften Überblick.

Die Verstorbenen verarbeiten im Leben nach dem Tode zunächst ihr vergangenes Erdenleben und bereiten sich dann entsprechend ihrem Karma auf ein neues Erdenleben vor. Dies geschieht unter der Anleitung hierarchischer Wesenheiten, die den stufenweisen Aufstieg und Wiederabstieg der Seelen durch die verschiedenen Himmelssphären begleiten. Diese Arbeit an sich selbst können wir uns so vorstellen, dass sie umgekehrt verläuft wie unsere Arbeit auf Erden. Auf der Erde sind wir in unserem Leib inkarniert und dadurch von der Welt getrennt, wir arbeiten aber nicht an unserem Leib, sondern an der sich außerhalb von uns befindlichen Welt. Im Nachtodlichen aber ist unser Leib die kosmische Umgebung der Hierarchien und der anderen verstorbenen Seelen. Wir leben also nicht in einem Zentrum, sondern in der Peripherie, und arbeiten so unser zukünftiges Erdenleben und unseren zukünftigen Erdenleib mit allen seinen Wesensgliedern aus.

Diese von Rudolf Steiner immer wieder dargestellten Vorgänge stellen aber nur den einen Teil des nachtodlichen Lebens dar, gewissermaßen die Tagseite. Denn auch im Nachtodlichen gibt es wie hier auf der Erde eine Art von Wachen und Schlafen bzw. Tag und Nacht. Im Nachtodlichen entspricht der Tag bzw. das Wachen der Arbeit an den eigenen Wesensgliedern. Dabei leben die Verstorbenen Seelen in einem peripheren Bewusstsein, während wir auf der Erde in einem zentrierten Bewusstsein leben. Die andere Phase des Nachtodlichen aber, die der Nacht und dem Schlaf entspricht, verläuft nun so, dass die Verstorbenen nicht dem Kosmos, also der Arbeit an sich selbst hingegeben sind, sondern der Erde![123]

Die Gestaltung der Erde, der Landschaften und der Naturreiche geschieht, so Rudolf Steiners Darstellung, unter Mitwirkung der Verstorbenen. Auch hier ist das Verhältnis umgekehrt zu unserem irdischen Leben. Wenn wir auf Erden schlafen, verlassen Astralleib und Ich den physischen und ätherischen Leib, damit diese sich regenerieren können. Dabei arbeiten Ich und Astralleib nun nicht im Leib, sondern von außen an den im Bett liegenden Wesensgliedern.[124] Die verstorbenen Seelen arbeiten «im Schlaf» nicht an sich selbst, also an ihrer kosmischen Umgebung, sondern sie sind mit der Erde verbunden und arbeiten vom Kosmos aus an der Gestaltung der irdischen Naturreiche mit.

Auch im Nachtodlichen gibt es also einen Wechsel von «Wachen und Schlafen», «Tag und Nacht».

Am «Tage» sind die Verstorbenen mit der Arbeit an ihren Leibern beschäftigt, in der «Nacht» mit der Arbeit an der Erde. Nur dass diese Arbeit umgekehrt wie auf der Erde verläuft. Das heißt, wenn es auf Erden Nacht ist und wir Lebenden schlafen, dann herrscht in der nachtodlichen, geistigen Welt gewissermaßen Tag, und die Verstorbenen arbeiten an ihren Leibern, was unserem Wachzustand auf Erden entspricht. Wenn wir auf Erden aber wachen und mit unseren irdischen Arbeiten beschäftigt sind, dann «schlafen» die Verstorbenen und arbeiten – auch hier unter Anleitung der hierarchischen Wesen – an der Gestaltung der Erde mit.

	Tag wachend	*Nacht schlafend*
Irdisch	im Leib zentriert Arbeit an der Erde	Arbeit am physischem und Ätherleib auf der Erde vom Kosmos aus
Nachtodlich	Arbeit an den eigenen Wesensgliedern in der kosmischen Peripherie	Arbeit vom Kosmos aus an der Erde und den Naturreichen

Warum geschieht diese nachtodliche Arbeit an der Erde? Weil, so Rudolf Steiner, die Verstorbenen ihre zukünftige irdische Umgebung mitgestalten. Die Erde ist ja der Ort für die Entwicklung des Menschen, sie gehört zu seiner Entwicklung dazu. Der Mensch ist mit der Erde also auch durch sein Schicksal verbunden. Es ist kein Zufall, wo und wann ein Mensch sich auf Erden inkarniert. Wir können Mensch und Erde gar nicht voneinander trennen. Wodurch aber gestalten die Verstorbenen nun aber an der Erde und den Naturreichen mit? Durch das Licht! Die verstorbenen Seelen wirken und weben im Licht, das der Erde von der Sonne aus zuströmt:

«Von den geistigen Welten aus arbeitet der Mensch selbst, unter der Anleitung höherer Wesenheiten, an der Umgestaltung der Erde. Es sind die Menschen selbst zwischen Tod und neuer Geburt, die diese Arbeit verrichten. Wenn sie dann wieder geboren werden, treffen sie das Antlitz der Erde anders, und zwar in einer Gestaltung, an der sie selbst mitgearbeitet haben. Wir alle haben so gearbeitet.

Wenn wir fragen: Wo ist die geistige Welt? – so antworte ich: Immerfort um uns herum. Es ist wirklich so. Also sind auch all die Seelen der Menschen, die entkörpert sind, um uns herum. Sie arbeiten um uns herum. Während wir Städte bauen, Maschinen konstruieren, arbeiten aus dem geistigen Gebiet heraus, um uns herum, die Menschen, die zwischen Tod und neuer Geburt stehen.

Wenn wir als Seher sie aufsuchen, können wir finden, wenn wir das Licht nicht bloß sinnlich wahrnehmen, innerhalb des Lichtes die toten Menschen. Das Licht, das uns umgibt, bildet den Körper der Toten. Sie haben einen Körper aus Licht gewoben. Das Licht, das die Erde umspült, ist Stoff für die Wesen, die in der geistigen Welt leben. Sehen wir draußen eine Pflanze, die vom Sonnenlicht sich nährt: Sie empfängt nicht nur das physische Licht, sondern in Wahrheit die Tätigkeit geistiger Wesen, und unter ihnen sind auch diese Menschenseelen. Sie selbst strahlen als Licht auf die Pflanzen nieder, sie umschweben die Pflanzen als geistige Wesenheiten. Wenn wir die Pflanzen mit geistigem Auge betrachten, so sagen wir: Es erfreut sich die Pflanze der Einwirkung der toten Menschen, die sie umschweben und die im Lichte um sie wirken und weben. – Und wenn wir jetzt verfolgen, wie die Pflanzendecke auf der Erde sich ändert, und fragen: Wer hat das gewirkt? – so sagen wir: In dem Lichte, das unsere Erde umspült, wirken die toten Menschen; da ist wirklich die geistige Welt. – In dieses Lichtreich gehen wir ein nach der Kamaloka-Zeit. Das ist konkrete Wahrheit.»[125]

Und nun können wir diese erstaunliche Tatsache mit den von uns an den Lichtwirkungen bei Sonnenaufgang und Sonnenuntergang gemachten Erfahrungen verbinden. Denn was geschieht nun durch den Jahreslauf hindurch? Aus den verschiedenen Tierkreisregionen, vor denen die Sonne im Jahreslauf auf- und untergeht, wirken nicht nur die Kräfte dieser Tierkreisbilder, also des Widders, des Stieres usw., sondern auch die in diesen Tierkreisregionen lebenden Verstorbenen. Sie wirken durch das Sonnenlicht an der Gestaltung der Erde, insbesondere an der Pflanzenwelt mit.

Aber das tun sie wie gesagt nicht alleine, sondern unter der Anleitung der sie leitenden hierarchischen Wesen. Deshalb ist es nun auch nicht mehr erstaunlich, wenn Rudolf Steiner an anderer Stelle vom Sonnenlicht die folgende Aussage macht:

«Bei uns ist es jetzt so, dass – allerdings unbewusst – in unseren sinnlichen Wahrnehmungen im Leben zwischen Geburt und Tod die Angeloi wohnen. Ja, wenn wir unsere Augen aufmachen und hinausschauen in die Welt, die uns umgibt und auf unsere Sinne wirkt, so wissen wir zwar nicht, dass, während der Sonnenstrahl in unser Auge dringt und die Dinge sichtbar werden, auf dem Sonnenstrahl der Ort zu finden ist, auf dem unser Engel wohnt. Aber es ist so: In den Schwingungen des Tones, in den Strahlungen des Lichtes und der Farben, in den anderen Sinneswahrnehmungen lebt die Wesenheit der Angeloi.

Nur indem der Mensch die Sinneswahrnehmungen verwandeln muss in Vorstellungen, dringen die Angeloi nicht in das Vorstellungswesen mit ein, und der Mensch weiß nicht, wie er umgeben ist von der Wesenheit der Angeloi.»[126]

Nicht nur die Verstorbenen, auch die mit ihnen verbundenen Engel sind im Licht wirksam. Aber nicht nur die Engel der Verstorbenen, sondern auch unser eigener Engel ist im Licht wirksam! Die Engel der Verstorbenen und unsere eigenen Engel wirken im Licht zusammen.

Wichtig ist hierbei aber nun der Hinweis, dass die im Licht wirksamen Engel und mithin auch die Seelen der Verstorbenen *nicht* in unsere abstrakten Vorstellungen hineinkommen. Das heißt, in unserem normalen Verstandesbewusstsein können wir sie nicht erleben. Wohl aber können sie sich durch die hier beschriebene Entwicklung des Herzdenkens erschließen. Denn indem wir die oben beschriebenen Wahrnehmungsübungen am Licht vollziehen, fangen wir an, nicht mehr mit dem Verstand die Dinge zu beurteilen, sondern wir nehmen sie so wahr, dass unser Verstandesdenken schweigt, und sich die Phänomene dadurch selbst aussprechen können. Das Denken mit dem Herzen erfordert also auch ein *reines Wahrnehmen,* wie Rudolf Steiner es, an Goethes naturwissenschaftliche Arbeiten anschließend, genannt hat.[127]

Hiermit betreten wir nun auf dem Wege des Herzdenkens die Welt der *imaginativen* Erfahrungen. Das heißt aber auch, dass wir die Wesenheiten der Engel und der Verstorbenen zunächst nicht wesenhaft, sondern eben nur in imaginativer, das heißt bildhafter Form erleben. Dazu müssen die Sinneseindrücke, die wir auf dem Wege der meditativen, vom Verstandesdenken freien Wahrnehmung gemacht haben, in meditativer Weise verdichtet werden. Das kann im Hinblick auf die Lichterfahrungen bei Sonnenaufgang oder Sonnenuntergang, wie oben bereits gesagt, auch auf künstlerische Weise geschehen, zum Beispiel durch das Malen mit Aquarellfarben.

Das Herzdenken als Gegenkraft zur künstlichen Intelligenz

Bei diesen Hinweisen und Andeutungen wollen wir es nun aber belassen, denn alles Weitere muss sich dem Einzelnen selbst durch das Üben ergeben. Wir wollen zum Schluss nur noch auf den Anfang zurückkommen und die hier beschriebenen Übungswege des Denkens mit dem Herzen noch einmal in Beziehung setzen zur oben beschriebenen Entwicklung der künstlichen Intelligenz.

Denn was streben die Entwickler der künstlichen Intelligenz an? Sie wollen das ohnehin von der Wahrnehmung der Natur und des Kosmos abgelöste und abstrakte Denken, das Kopfdenken, das vor allem dazu geeignet ist, die Dinge nach ihrer Messbarkeit und ihrer Berechenbarkeit zu beurteilen und zu benutzen, auf Maschinen übertragen. Dabei geht es vor allem darum, möglichst viele *Daten*, also berechenbares Wissen über die Dinge, zu sammeln und mit anderen Daten zu vernetzen, so, wie es auch unser Gehirn durch seine neuronale Struktur ständig tut.

Diese technische Vervielfältigung des Prinzips *Wissen ist Macht* soll den Maschinen letztlich die Herrschaft über die Menschheit und die Erde verschaffen, wobei die Menschheit in den Visionen der Entwickler der künstlichen Intelligenz und des Transhumanismus mit diesen Maschinen verschmelzen wird. Sie sollen ab einem bestimmten Zeitpunkt, den sie als *Singularität* bezeichnen, die Weiterentwicklung der Menschheit übernehmen. Damit aber würde, wie wir in Kapitel II gesehen haben, Ahriman die Herrschaft über die Menschheit erlangen:

«Ahriman würde, wenn ihm gelänge, was in seiner

Absicht liegt, den der Menschheit gegebenen Intellekt ähnlich seinem eigenen machen. [...] Als kaltfrostiger, seelenloser kosmischer Impuls strömt von Ahriman die Intellektualität aus. Und die Menschen, die von diesem Impuls ergriffen werden, entwickeln eine Logik, die in erbarmungs- und liebeloser Art für sich selbst zu sprechen scheint – in Wahrheit spricht eben Ahriman in ihr [...].»[128]

Diesem Bestreben aber kann der Mensch nur begegnen, wenn er sich mit der Macht verbindet, die Ahriman tatsächlich gewachsen ist. Denn der Mensch allein kann Ahriman nicht bezwingen, dazu bedarf es einer kosmisch-hierarchischen Gewalt, die eben mit dem Ursprung unseres Denkens, mit der *kosmischen Intelligenz* verbunden ist, und das ist, wie wir in Kapitel I gesehen haben, die Wesenheit des *Michael*. Michael selbst aber hat Ahriman bereits besiegt, er hat ihn aus der imaginativen Welt, der Welt des Ätherischen, zu der uns die oben beschriebenen Übungen ja hinführen, auf die Erde, das heißt, in das irdische, Gehirn gestutzte Denken gestürzt.[129]

«Michael sieht aber auch, wie die Gefahr, dass die Menschheit den ahrimanischen Mächten verfällt, immer größer wird. Er weiß: *für sich* wird er Ahriman immer unter seinen Füßen haben; ob aber auch für den Menschen?»[130]

Durch die Ausbildung des Herzdenkens aber verbindet sich der Mensch mit der Michaelmacht und zugleich mit der Sphäre des Zeitlichen, des Rhythmischen, die aber die Sphäre des Christus ist. Diese Christus-Sphäre des *imaginativen Erlebens* kann durch die hier beschriebenen Übungen, aber natürlich auch durch viele andere Meditationen, die Rudolf Steiner in seinem umfangreichen Werk gegeben hat, vom Menschen betreten und gestaltet werden. Sie ist uns gewissermaßen als Wohnung schon vorbereitet:

«In meines Vaters Hause sind viele Wohnungen. Wenn's nicht so wäre, hätte ich dann zu euch gesagt: Ich gehe hin, euch die Stätte zu bereiten? Und wenn ich hingehe, euch die Stätte zu bereiten, will ich wiederkommen und euch zu mir nehmen, auf das auch ihr seid, wo ich bin!»[131]

Und somit können wir unsere Betrachtungen und Anregungen zur Entwicklung des Herzdenkens beschließend mit diesem Ausblick:

«Das größte Erden-Ereignis sieht Michael eintreten. Aus dem Reiche, dem Michael selbst diente, steigt die Christus-Wesenheit hinunter in den Erdbereich, um da zu sein, wenn die Intelligenz völlig bei der menschlichen Individualität sein wird. Denn dann wird der Mensch den Drang am stärksten empfinden, sich an die Macht hinzugeben, die restlos in aller Vollkommenheit sich zum Träger der Intellektualität gemacht hat. Aber Christus wird da sein; er wird in derselben Sphäre durch sein großes Opfer leben, in der auch Ahriman lebt. Der Mensch wird wählen können zwischen Christus und Ahriman. Die Welt wird in der Menschheits-Entwickelung den Christus-Weg finden können. [...] Zwingen kann Michael die Menschen zu nichts. Denn der Zwang hat ja eben dadurch aufgehört, dass die Intelligenz ganz in den Bereich der menschlichen Individualität getreten ist. – Aber als eine majestätische vorbildliche Handlung, in der an die sichtbare zunächst angrenzenden übersinnlichen Welt, kann Michael entfalten, was er entfalten will. Mit einer Licht-Aura, mit einer Geistwesen-Geste kann da Michael sich zeigen, in der sich aller Glanz und alle Herrlichkeit der vergangenen Götter-Intelligenz offenbart.»[132]

Anhang mit Texten Rudolf Steiners

Die nachfolgenden Texte führen die wichtigsten Aussagen Rudolf Steiners über das Denken mit dem Herzen noch einmal zusammen als Anregung für alle diejenigen Leser und Leserinnen, die sich mit dem Thema auch von dieser Seite weiterhin beschäftigen wollen. Die Abfolge der Zitate entspricht dem Aufbau des vorliegenden Buches.

«Der Kopf mit dem Gehirn ist nur ein Übergangsorgan der Erkenntnis. Das Organ, welches die eigentlich tiefen und zugleich machtvollen Blicke in die Welt tun wird, hat seine Anlage in dem gegenwärtigen Herzen. Aber wohlgemerkt: die Anlage zu diesem Organ ist im heutigen Herzen. Um Erkenntnisorgan zu werden, muss sich das Herz noch in der mannigfaltigsten Weise umbilden. Aber dieses Herz ist der Quell und Born zur Menschheitsstufe der Zukunft. Die Erkenntnis wird dann, wenn das Herz ihr Organ sein wird, warm und innig sein, wie heute nur die Gefühle der Liebe und des Mitleids sind. Aber diese Gefühle werden aus der Dumpfheit und Dunkelheit, in der sie heute nur tasten, sich zu der Helligkeit und

Klarheit hindurchringen, welche heute erst die feinsten, logischen Begriffe des Kopfes haben.»[133]

«Michael entfaltete die Intellektualität durch den Kosmos hindurch in der Vergangenheit. Da tat er dieses als Diener der göttlich-geistigen Mächte, die sowohl ihm selbst wie dem Menschen den Ursprung gegeben haben. Und bei diesem Verhältnis zur Intellektualität will er bleiben. [...] So ist seine Absicht, dass in Zukunft die Intellektualität durch die Herzen der Menschen ströme, aber als dieselbe Kraft, die sie ausströmend aus den göttlich-geistigen Mächten schon im Anfange war.»[134]

«Ahriman würde, wenn ihm gelänge, was in seiner Absicht liegt, den der Menschheit gegebenen Intellekt ähnlich seinem eigenen machen. [...] Als kaltfrostiger, seelenloser kosmischer Impuls strömt von Ahriman die Intellektualität aus. Und die Menschen, die von diesem Impuls ergriffen werden, entwickeln eine Logik, die in erbarmungs- und liebeloser Art für sich selbst zu sprechen scheint – in Wahrheit spricht eben Ahriman in ihr [...].»[135]

«Es kann also gesagt werden, dass sich aus der Natur des Geschilderten von selbst ergibt, dass unsere heutige Entwickelungsstufe auf eine frühere hinweist, in der aus einem Unterbewusstsein heraus, aus einem noch nicht vom Verstand durchtränkten Bewusstsein heraus das Herz urteilte. Heute leben wir in einer Zeit, in welcher dieses ursprüngliche Urteil des Herzens, diese ursprüngliche Logik des Herzens durchzogen ist von Begriffen und Ideen, kurz von dem, was wir Logik des Verstandes nennen. [...] Auf einen Zukunftszustand der Menschheit können wir hinblicken, welchen die Menschheit zeigen wird so, dass Logik des Herzens in vollem Umfang wiederum vorhanden sein wird, das heißt, dass der Mensch wiederum imstande sein wird, aus der Unmittelbarkeit seines Fühlens heraus die Wahrheit zu schauen [...]. Sodass wir sagen können: Wir gehen jetzt – die gesamte Menschheit – durch die Entwickelungsstufe des Verstandes, des Kopfes hindurch, um auf einer höheren Stufe dasjenige wiederum zu erreichen, was auf einer niederen Stufe schon erreicht war: die Logik des Herzens.»[136]

«Das Sonnenhafte, das der Mensch durch lange Zeiten nur aus dem Kosmos in sich aufnahm, wird im Innern der Seele leuchtend werden. Der Mensch wird von einer ‹innern Sonne› sprechen lernen. Er wird sich deshalb in seinem Leben zwischen Geburt und Tod nicht weniger als Erdenwesen wissen; aber er wird das auf der Erde wandelnde eigene Wesen als sonnengeführt erkennen. Er wird als Wahrheit empfinden lernen, dass ihn im Innern eine Wesenheit in ein Licht stellt, das zwar auf das Erdendasein leuchtet, aber nicht in diesem entzündet wird.»[137]

«Indem sich der Mensch als freies Wesen in Michaels Nähe fühlt, ist er auf dem Wege, die Kraft der Intellektualität in seinen ‹ganzen Menschen› zu tragen; er denkt zwar mit dem Kopfe, aber das Herz fühlt des Denkens Hell oder Dunkel; der Wille strahlt des Menschen Wesen aus, indem er die Gedanken als Absichten in sich strömen hat. Der Mensch wird immer mehr Mensch, indem er Ausdruck der Welt wird; er findet sich, indem er sich nicht sucht, sondern in Liebe sich wollend der Welt verbindet.»[138]

«Der Mensch hat ja im gewöhnlichen Leben das Gefühl, dass er mit dem Kopf denkt. Natürlich ist das nur ein bildlicher Ausdruck, man denkt mit den geistigen Organen, die dem Gehirn zugrunde liegen; aber es versteht jeder, was es heißt, mit dem Kopf denken. Ein ganz anderes Gefühl hat man gegenüber jenem Denken, das dann eintritt, wenn man ein wenig weitergekommen ist auf dem Weg der Entwickelung, den wir charakterisiert haben. Man hat wirklich das Gefühl, als ob das, was sonst im Kopf lokalisiert ist, jetzt im Herzen lokalisiert wäre. Es ist allerdings nicht das physische Herz, welches denkt, sondern jenes Organ, das sich als geistiges Organ in der Nähe des Herzens ausbildet, die sogenannte zwölfblätterige Lotosblume. Sie wird eine Art Denkorgan; und dieses Denken, das da auftritt, das unterscheidet sich von dem gewöhnlichen Denken sehr stark.»[139]

«Michael befreit die Gedanken aus dem Bereich des Kopfes; er macht ihnen den Weg zum Herzen frei; er löst die Begeisterung aus dem Gemüte los, so dass der Mensch in seelischer Hingabe leben kann an alles, was sich im Gedankenlicht erfahren lässt. Das Michaelzeitalter ist angebrochen. Die Herzen beginnen, Gedanken zu haben; die Begeisterung entströmt nicht mehr bloß mystischem Dunkel, sondern gedankengetragener Seelenklarheit.»[140]

«Ehedem lebte in dem Strahlen der Sonne, in dem Schimmern der Morgenröte, in dem Funkeln der Sterne Michaels herbe, vergeistigte Liebe [...].»[141]

«Den in kosmischen Bildern aufleuchtenden, das Weltenschaffen in sich bergenden Äther erlebt man.

Und die in diesem Äther webenden Sonnenkräfte: die sind da nicht bloß strahlend, die zaubern Welten-Urbilder aus dem Lichte heraus. Die Sonne erscheint als der kosmische Weltenmaler. Sie ist das kosmische Gegenbild der Impulse, die im Menschen die Vorstellungs-(Denk-)Bilder malen.»[142]

Anmerkungen

1 So lautet der Titel eines bekannten Buches des viel gelesenen amerikanischen, buddhistisch orientierten Psychotherapeuten Jack Kornfield: *Das weise Herz. Die universellen Prinzipien buddhistischer Psychologie,* 9. Aufl., München 2008. Ebenfalls Bezug auf das Herz nimmt das allerdings nur in der deutschen Übersetzung den Titel *Mit dem Herzen Denken* tragende Buch von David Frawley (4. Aufl., Oberstdorf 2017) zur ayurvedischen Psychologie sowie ein Buch des Dalai Lama mit dem gleichnamigen Titel (Frankfurt am Main 2005).

2 Vgl. Karl Ledergerber: *Mit den Augen des Herzens – ein neues Denken breitet sich aus,* Bietigheim-Bissingen 1994.

3 Vgl. in seinem Vortragszyklus *Makrokosmos und Mikrokosmos. Die große und die kleine Welt. Seelenfragen, Lebensfragen, Geistesfragen,* GA 119, 3. Aufl., Dornach 1988, die Vorträge vom 29. und 30. März 1910. In diesen beiden Vorträgen wird das Herzdenken exemplarisch durch sieben verschiedene Übungen dargestellt, auf die wir aufgrund der von Steiner dort ausführlich beschriebenen Methodik hier nicht weiter eingehen werden. Auf diese beiden Vorträge sei daher ausdrücklich verwiesen.

Weitere Erwähnungen des Herzdenkens finden sich in den Vorträgen vom 3., 7. und 13. Oktober 1922. In: *Geistige Wirkenskräfte im Zusammenleben von alter und junger Generation. Pädagogischer Jugendkurs,* GA 217, 6. Aufl., Dornach 1988, sowie den Aufsätzen *Im Anbruch des Michael-Zeit-*

alters und *Die Weltgedanken im Wirken Michaels und im Wirken Ahrimans* in *Anthroposophische Leitsätze – Der Erkenntnisweg der Anthroposophie – Das Michael-Mysterium,* GA 26, 10. Aufl., Dornach 1998. Im Anhang finden sich einige dieser Texte zusammengestellt.

4 Vgl. die ausführliche Darstellung und Würdigung der Hinweise Steiners auf das Herzdenken in: Karl-Martin Dietz: *Wenn Herzen beginnen Gedanken zu haben,* 2. Aufl., Stuttgart 2005, sowie die Zusammenstellung wesentlicher Textstellen zum Herzdenken im Werk Rudolf Steiners unter dem Titel *Herzdenken – über inspiratives Erkennen,* Basel 2014 von Martina-Maria Sam. Beide Werke bilden für das vorliegende Buch eine wichtige Grundlage und seien daher vor allem den an den Originalwortlauten Steiners interessierten Lesern und Leserinnen als Ergänzung zu unserer vorliegenden Darstellung wärmstens empfohlen.

Am ausführlichsten hat sich Florin Lowndes in zwei Büchern mit unserem Thema befasst: *Die Belebung des Herzchakras. Ein Leitfaden zu den Nebenübungen Rudolf Steiners,* 4. Aufl., Stuttgart 2018. In diesem Werk hat Lowndes in bisher einmaliger Weise die sechs mit der Ausbildung des Herzchakras in Verbindung stehenden Nebenübungen Rudolf Steiners sehr ausführlich dargestellt. In *Das Erwecken des Herzdenkens. Wesen und Leben des sinnlichkeitsfreien Denkens in der Darstellung Rudolf Steiners. Umriss einer Methodik,* Stuttgart 1998, hat Lowndes anhand der Kompositionsprinzipien des geschriebenen Werkes Rudolf Steiners das sinnlichkeitsfreie Denken, wie es Steiner durch die Lektüre dieser Texte anregen wollte, ausführlich behandelt. Lowndes hat weiterführend alle geschriebenen Werke Rudolf Steiners von diesem Gesichtspunkt aus untersucht. Siehe dazu seine Webseite www.heartthink.de sowie die dazu gemeinsam mit Sylvia Weyand stattfindenden Seminare unter www.aura-atelier.de.

5 Den mit der Anthroposophie noch wenig vertrauten Lesern und Leserinnen sei das in Anmerkung 3 genannte letzte Werk Rudolf Steiners (GA 26) und darin vor allem die unter dem Titel *Das Michael-Mysterium* zusammengefassten Briefe als begleitende Lektüre zu diesem Buch wärmstens ans Herz gelegt.

6 Andreas Neider: *Der Mensch zwischen Über- und Unternatur*, Stuttgart 2012, sowie *Aufmerksamkeitsdefizite. Wie das Internet unser Bewusstsein korrumpiert und was wir dagegen tun können,* Stuttgart 2013.

7 Andreas Neider: *Der Mensch und das Geheimnis der Zeit. Zum Verständnis der Zeit im Werk Rudolf Steiners,* Stuttgart 2016.

8 Diese findet sich bei Rudolf Steiner im Anschluss an die Darstellung der Rosenkreuzmeditation in: *Die Geheimwissenschaft im Umriss,* GA 13, 30. Aufl., Dornach 1989, S. 314 f.

9 Für eine Vertiefung einzelner Aspekte wie etwa der Entwicklung der künstlichen Intelligenz, der Physiologie des Herzens, der Chakren-Lehre, dem Miterleben des Jahreslaufes und der Jahresfeste wie auch der älteren Formen des Sehens mit dem Herzen wird in den Anmerkungen auf die entsprechende Literatur verwiesen.

10 Siehe hierzu: www.kunstplanbau.com/herz18/.

11 Rudolf Steiner: *Die Philosophie der Freiheit. Grundzüge*

einer modernen Weltanschauung, GA 4, 4. Aufl., Dornach 2010, S. 42.

12 Zur weiteren Vertiefung der hiermit angesprochenen Erkenntnisfragen siehe die Werke von Georg Kühlewind, vor allem: *Die Wahrheit tun,* 3. Aufl., Stuttgart 2006 und *Vom Normalen zum Gesunden,* Jubiläumsausgabe, Stuttgart 2017. Zum intuitiven Denken im Werk Rudolf Steiners außerdem: *Intuition – das Auge der Seele. Die Darstellung des intuitiven Erkennens im schriftlichen Werk Rudolf Steiners.* Zusammengestellt und kommentiert von Christoph Hueck, Stuttgart 2016.

13 Zu dieser materialistischen Auffassung gibt es natürlich erheblichen Widerspruch, denn es wird von der neurowissenschaftlich fundierten Auffassung geflissentlich übersehen, dass wir tatsächlich nur die Denktätigkeit selbst mit dem Gehirn in Beziehung setzen können, nicht aber den Gedankeninhalt. Man spricht in den Erkenntniswissenschaften daher von einer «Erklärungslücke», auf die im 19. Jahrhundert bereits der Physiologe Emil du Bois-Reymond in seiner berühmten Rede über *Die sieben Welträtsel* vom 8. Juli 1880 (in der Leibniz-Sitzung der Akademie der Wissenschaften in: *Vorträge über Philosophie und Gesellschaft*, Berlin 1975, S. 159 ff.) hingewiesen hat. Heute spricht man dabei vom «explanatory gap». Der Ausdruck stammt von dem Amerikaner Joseph Levine, der 1983 in dem Aufsatz *The explanatory gap* (in: *Pacific Philosophical Quarterly*, Bd. 64, Nr. 4, Oktober 1983) auf dieses Problem der Bewusstseinsforschung erneut aufmerksam gemacht hat. Dieses Problem der Erklärungslücke wird im Amerikanischen auch als «the hard problem of consciousness» bezeichnet.

14 Rudolf Steiner: *Anthroposophische Leitsätze*, GA 26, a.a.O., S. 59 f.

15 Vgl. dazu auch Wolf-Ulrich Klünker: *Die Erwartung der Engel. Der Mensch als neue Hierarchie*, Stuttgart 2003.

16 Vgl. hierzu die Darstellung des Verfassers in *Michael und die Apokalypse des 20. Jahrhunderts*, Stuttgart 2013.

17 Rudolf Steiner: *Anthroposophische Leitsätze*, GA 26, a.a.O., S. 60.

18 Vgl. zum genaueren Verständnis des «Universalienstreites» im Mittelalter Rudolf Steiner: *Philosophie und Anthroposophie*, GA 35, 2. Aufl., Dornach 1984, S. 66-110; sowie den zweiten Vortrag vom 23. Mai 1920 in: *Die Philosophie des Thomas von Aquino*, GA 74, Dornach 1993, S. 38-72.

19 Vgl. dazu Rudolf Steiners Darstellung in *Anthroposophische Leitsätze*, GA 26, a.a.O., S. 60 ff.

20 Rudolf Steiner: *Anthroposophische Leitsätze*, GA 26, a.a.O., S. 65 f.

21 Vgl. dazu den Vortrag Rudolf Steiners vom 29. März 1910 in *Makrokosmos und Mikrokosmos*, GA 119, a.a.O.

22 Florin Lowndes hat in seinem oben bereits erwähnten Buch *Das Erwecken des Herzdenkens. Wesen und Leben des sinnlichkeitsfreien Denkens in der Darstellung Rudolf Steiners. Umriss einer Methodik* gezeigt, wie sich das Herzdenken an den Kompositionsgesetzmäßigkeiten, die den geschriebenen Werken Rudolf Steiners zugrunde liegen, entwickeln lässt.

23 Vgl. dazu Norman Macrae: *John von Neumann. The Scientific Genius Who Pioneered the Modern Computer, Game Theory, Nuclear Deterrence, and Much More*, New York 1992.

24 John von Neumann: *Die Rechenmaschine und das Gehirn,* München 1991, S. 10.
25 Zitat aus der «Bibel» des Transhumanismus, Ray Kurzweil: *Menschheit 2.0: Die Singularität naht*, 2. Aufl., Berlin 2014, S. 144.
26 Ebd.
27 Rudolf Steiner: *Anthroposophische Leitsätze,* GA 26, a.a.O., S.114 f.
28 A.a.O., S. 145.
29 Vgl. dazu das jüngst erschienene Buch des Internetpioniers und dessen scharfen Kritikers Jaron Lanier: *Zehn Gründe, warum du deine Social Media Accounts sofort löschen musst,* Hamburg 2018.
30 Rudolf Steiner: *Anthroposophische Leitsätze,* GA 26, a.a.O., S. 115.
31 Rudolf Steiner: Vortrag vom 22. März 1920. In: *Geisteswissenschaft und Medizin,* GA 312, 7. Aufl., Dornach 1999, S. 37.
32 In: *Meditationen zur Herztätigkeit. Gegeben von Rudolf Steiner,* herausgegeben von der Medizinischen Sektion am Goetheanum, 2. Aufl., Dornach 2014.
33 Vgl. zum historischen Zusammenhang der Herzanschauung Rudolf Steiners Peter Selg: *Mysterium Cordis. Von der Mysterienstätte des Menschenherzens. Aristoteles, Thomas von Aquin, Rudolf Steiner,* 2. Aufl., Dornach 2006.
34 Rudolf Steiner: *Aus der Akasha-Chronik,* GA 11, 24. Aufl., Dornach 1993, S. 229.
35 Zum Verständnis der Wesensglieder des Menschen vgl. Rudolf Steiner: *Theosophie. Einführung in übersinnliche Welterkenntnis und Menschenbestimmung,* 32. Aufl., Dornach 2003.

36 Zum Verständnis der Zeit bei Rudolf Steiner vgl. Andreas Neider: *Der Mensch und das Geheimnis der Zeit. Zum Verständnis der Zeit im Werk Rudolf Steiners,* Stuttgart 2016.

37 Zur Bedeutung der Eigenbewegung des Blutes für die Herzfunktion vgl. Branko Furst: *The Heart and Circulation. An Integrative Model,* London 2014.

38 Aus der *Grundsteinmeditation* der Allgemeinen Anthroposophischen Gesellschaft, in Rudolf Steiner: *Die Konstitution der Allgemeinen Anthroposophischen Gesellschaft,* GA 260a, 2. Auf., Dornach 1987, S. 34. Wir werden weiter unten noch ausführlich auf diesen mittleren Teil der *Grundsteinmeditation* eingehen.

39 Man spricht hier von der sogenannten *Herzfrequenz-* oder *Herzratenvariabilität.* Denn an der Variabilität, das heißt an der Ausgleichsfähigkeit der Herzfrequenz, drückt sich zugleich ihr gesunder Zustand aus. Vgl. dazu Markus Peters: *Gesundmacher Herz: Wie es uns steuert, verbindet und heilt. Der geniale Impulsgeber für Körper und Seele,* Kirchzarten bei Freiburg 2013; sowie Maximilian Moser: *Vom richtigen Umgang mit der Zeit. Die heilende Kraft der Chronobiologie,* München 2017.

40 Zur Physiologie des Herzens aus anthroposophischer Sicht vgl. Markus Peters, a.a.O. sowie *Das Herz des Menschen,* hrsg. von Paolo Bavastro und Hans Christoph Kümmell, Stuttgart 1999.

41 Vgl. Vortrag vom 26. Juni 1907 in Rudolf Steiner: *Menschheitsentwicklung und Christus-Erkenntnis,* GA 100, 2. Aufl., Dornach 1981, S. 158.

42 In deutscher Übersetzung von Oskar Benl zuerst 1966 erschienen, Neuausgabe Zürich 2014. Bedeutende Über-

setzungen erschienen auch im Französischen *Le dit du Genji* von René Sieffert und im Englischen *The tale of Genji* von Royall Tyler.

43 Vgl. Michael F. Marra: *The Poetics of Motoori Norinaga. A Hermeneutical Journey,* Honolulu 2017, S. 172 und das Vorwort zur deutschen Ausgabe des *Genji* von Oskar Benl, a.a.O., S. XVIII.

44 Vgl. *Die vier Jahreszeiten. Klassische japanische Gedichte,* Frankfurt am Main 2000.

45 *Die Geschichte vom Prinzen Genji,* a.a.O., 5. Kapitel, S. 160 f.

46 Vgl. dazu das Werk des Verfassers *Der Mensch und das Geheimnis der Zeit. Zum Verständnis der Zeit im Werk Rudolf Steiners,* Stuttgart 2016.

47 In der deutschen Übersetzung von G. S. Dombrady, 4. Aufl., Mainz 2014.

48 Ebd. S. 185.

49 Ebd. S. 167.

50 Vgl. dazu die Einleitung zu *The Poetics of Motoori Norinaga* von Michael F. Marra, a.a.O., S. 17-23.

51 *Auf schmalen Pfaden durchs Hinterland*, a.a.O., S.221.

52 Aus der berühmten Sammlung des *Kokin Wakashu,* das zu Beginn des 10. Jahrhunderts aus zwei Dichterwettstreiten im Jahre 893 am Kaiserhof hervorgegangen ist. Deutsche Übersetzung von Peter Ackermann und Angelika Kretschmer, *Die vier Jahreszeiten. Klassische japanische Gedichte,* Frankfurt am Main 2000, S. 55.

53 A.a.O., S. 149.

54 A.a.O., S. 56.

55 Diese Sammlung zuvor mündlich weitergegebener Legenden wurde von dem chinesischen Literaten *Wu*

Cheng'en (1500–1582) erstmals schriftlich in Romanform festgehalten. Er gilt seither als Autor dieses berühmten Romans, war aber de facto nur der Sammler aller Legenden, die sich um die *Reise in den Westen* über Jahrhunderte hinweg entwickelt hatten.

56 Damit sind die drei Abteilungen der Lehren des *Buddha* im sogenannten *Pali-Kanon* gemeint. Die Lehr-Reden des Buddha wurden ursprünglich in der Pali-Sprache, einem historischen Dialekt des Sanskrit, im 3. Jahrhundert v. Chr. aufgezeichnet. Dabei wurden sie in drei *Körbe* unterteilt: die Regeln der Ordensdisziplin, die eigentlichen Lehr-Reden und die systematisierte Lehre. *Xuanzang* holte aber natürlich nicht den gesamten Palikanon nach China, sondern brachte von seiner von 629 bis 646 andauernden Reise nach Indien 657 Schriftrollen mit, die er anschließend für den Tang-Kaiser *Taitzong* (599–649) übersetzte. Dadurch konnte sich der Buddhismus in China viel stärker verbreiten als zuvor.

57 Vgl. hierzu das ausgezeichnete Nachwort zur deutschen Übersetzung der *Reise in den Westen* von Eva Lüdi-Kong, Stuttgart 2016, S. 1289 ff.

58 *Die Reise in den Westen*, ebd.

59 Linji gilt als Begründer des chinesischen Chan- oder Meditationsbuddhismus, der sich auf sogenannte *Koans*, Rätselverse, die als Meditationsstoff genutzt wurden, stützte. Aus Linjis Chan-Schule ging der später von dem japanischen Mönch *Eisai* (1141–1215) begründete *Rinzai-Zen* hervor.

60 Vgl. Linji: *Das Denken ist ein wilder Affe. Die Lehren des großen Zen-Meisters,* München 2015.

61 *Die Reise in den Westen*, S. 1291.

62 Siehe dazu im Detail den Aufsatz des Verfassers über *Die vier Stufen der christlich-mystischen Meditation. Die <Stufenleiter der Mönche> des Guigues II als Muster eines westlichen Meditationsweges.* In: *Die Drei,* 10/2016.

63 Epistola IV, 53-65. Diese hier zitierte grundlegende Schrift ist etwa um 1150 herum entstanden. Sie trägt den Titel: *Brief über das kontemplative Leben. Die Stufenleiter der Mönche* und ist neben dem lateinischen Original *Epistola de vita contemplative. Scala Claustralium* aktuell in einer deutschen und zwei französischen Ausgaben zugänglich. Die deutsche Übertragung stammt von Daniel Tibi und ist in überarbeiteter Form 2010 im Verlag Traugott Bautz, Nordhausen erschienen. Der Verfasser hat sich dennoch entschlossen, auf der Grundlage der beiden französischen Fassungen und unter Berücksichtigung der deutschen Übersetzung eine eigene Übersetzung anzufertigen. Die Zitierweise folgt der französisch-lateinischen Ausgabe: *Lettre sur la vie contemplative. L'échelle des moines.* Paris 2013. Die französische Übersetzung aus dem Lateinischen stammt von dem Kartäusermönch Dom Maurice Laporte. Diese Ausgabe ist im internationalen Buchhandel lieferbar.

64 Epistola V, 67-78.

65 Epistola VI, 135-155.

66 Epistola VII, 157-174.

67 Epistola VIII-X.

68 Vgl. zum Herzensgebet Peter Dyckhoff: *Das Ruhegebet. Einübung nach Cassian,* 4. Aufl., München 1995; sowie *Das immerwährende Herzensgebet. Ein Weg geistiger Erfahrung,* Russische Originaltexte zusammengestellt und übersetzt von Alla Selawry, 6. Aufl., München 1994. Wei-

tere Beispiele christlicher Herzensspiritualität finden sich bei Karl Ledergerber: *Mit den Augen des Herzens,* a.a.O.

69 Immanuel Kant: *Kritik der reinen Vernunft,* 2. erweit. Aufl., 1787, Vorrede.

70 Yuval Noah Harari: *Eine kurze Geschichte der Menschheit,* 23. Aufl., München 2017 (Originalausgabe 2011), und ders.: *Homo Deus,* 10. Aufl., München 2017 (Originalausgabe 2015).

71 Vgl. dazu die beiden Aufsätze des Verfassers zum Kulturpessimismus Hararis in: *Die Drei,* 6 und 7/8 2018.

72 Vgl. *Homo deus,* a.a.O., S. 253 f.

73 Ebd.

74 Aus einem mantrischen Spruch für Charlien Hupkes-Wegman, in: Rudolf Steiner: *Seelenübungen. Band II. Mantrische Sprüche, 1903–1925,* GA 268, Dornach 1999, S. 109.

75 Rudolf Steiners Vortrag vom 11. April 1920 in: *Entsprechungen zwischen Mikrokosmos und Makrokosmos,* GA 201, 2. Aufl., Dornach 1987, S. 49.

76 A.a.O., S. 50/51.

77 Rudolf Steiners Vortrag vom 21. März 1913 in: *Welche Bedeutung hat die okkulte Entwicklung des Menschen für seine Hüllen und sein Selbst?,* GA 145, 5. Aufl., Dornach 1986, S.40 f.

78 Rudolf Steiner: *Die geistige Führung des Menschen und der Menschheit,* GA 15, 10. Aufl., Dornach 1987, S. 73.

79 Vgl. dazu Steiners Darstellung in dem Aufsatz *Die Freie Hochschule für Geisteswissenschaft,* in: *Die Konstitution der Allgemeinen Anthroposophischen Gesellschaft und der Freien Hochschule für Geisteswissenschaft. Der Wiederaufbau des Goetheanum,* GA 260a, 2. Aufl., Dornach 1987,

S. 223, wo es heißt: «Die Spruchworte, mit denen bei der Weihnachtstagung der geistige Grundstein in die Herzen der Mitgliedschaft der Anthroposophischen Gesellschaft gelegt worden ist, erstanden in eurythmischer Kunstdarstellung bei dieser Ostertagung wieder.» Dabei hat Steiner die zu Ostern 1924 aufgeführte eurythmische Darstellung der Grundsteinmeditation im Blick.

80 Bisher hat meines Wissens keiner der Autoren, die über die Grundsteinmeditation geschrieben haben, deren Meditation mit dem Herzdenken in Verbindung gebracht. Jedoch ist die Literatur zu dieser Grundsteinmeditation so reichhaltig und umfangreich, dass wir an dieser Stelle auf diesen Aspekt nicht detaillierter eingehen wollen. Hier eine Auswahl an Literatur zur Grundsteinmeditation: Sergej O. Prokofieff (Hrsg.): *Die Grundsteinmeditation als Schulungsweg,* Dornach 2002; Sergej O. Prokofieff: *Die Grundsteinmeditation. Ein Schlüssel zu den neuen christlichen Mysterien,* Dornach 2003; Peter Selg (Hrsg.), *Der Grundstein und die Grundsteinmeditation,* Arlesheim 2015; Peter Selg: *Die Grundsteinmeditation Rudolf Steiners und die Zerstörungen des 20. Jahrhunderts,* 2. Aufl., Arlesheim 2013; Jörgen Smit: *Geistesschulung und Lebenspraxis. Die Grundsteinmeditation als Zukunftsimpuls,* Dornach 1987; F. W. Zeylmans van Emmichhoven: *Der Grundstein,* Stuttgart 2023.

81 Weitere Ausführungen zu den Rhythmen finden sich in der angegebenen Literatur.

82 *Anthroposophische Leitsätze*, GA 26, a.a.O., S. 110 f.

83 Vortrag vom 29. Dezember 1922 in: *Das Verhältnis der Sternenwelt zum Menschen und des Menschen zur Ster-*

nenwelt. Die geistige Kommunion der Menschheit, GA 219, 6. ergänzte Aufl., Dornach 1994, S. 161.

84 Vortrag vom 31. Dezember 1922, GA 219, a.a.O., S. 191.

85 Ebd., S. 194.

86 Zur Meditation der Wochensprüche regen zahlreiche anthroposophische Publikationen an, hier eine Auswahl. Zur Einführung besonders geeignet ist: Dieter Hornemann: *Mit der Erde atmen lernen. Eine Hinführung zum Anthroposophischen Seelenkalender,* 6. Aufl., Stuttgart 2015; zur Vertiefung: Karl König: *Anleitungen zum Seelenkalender. Der Anthroposophische Seelenkalender als innerer Wandlungsweg,* Stuttgart ^{2}2023; und Karl König: *Bilder des inneren Jahres. Imaginative Skizzen zum Anthroposophischen Seelenkalender,* Stuttgart 2009.

87 Die Meditation dieser Sprüche kann für einen Überblick, wie wir ihn hier vollziehen, zunächst unabhängig von der Jahreszeit, zu der der Leser oder die Leserin dieses Buch liest, erfolgen. Sie sollte dann aber zu der tatsächlichen Jahreszeit, also zu Weihnachten und zu Johanni im realen Jahresverlauf vertieft werden.

88 Im Folgenden wird man zur Veranschaulichung des Gesagten immer wieder zwischen den Ausführungen im Text und den hier abgedruckten Sprüchen hin- und herblättern müssen, um den Überblick nicht zu verlieren. Wer über eine Ausgabe des Seelenkalenders verfügt, möge diese neben sich legen. Dabei ist die Sonderausgabe des Seelenkalenders *Die Wochensprüche des Anthroposophischen Seelenkalenders im Doppelstrom der Zeit,* sehr empfehlenswert, da hier die jeweiligen Spiegelsprüche jeweils auf einer Seite zusammen abgedruckt sind.

89 Vorwort zum *Anthroposophischen Seelenkalender.* In:

Wahrspruchworte, GA 40, 8. überarb. Aufl., Dornach 1998, S. 21.

90 *Das Verhältnis der Sternenwelt zum Menschen und des Menschen zur Sternenwelt*, GA 219, a.a.O., S. 194.

91 Darauf weist auch Michaela Glöckler im Vorwort zu den von ihr herausgegebenen *Herzmeditationen,* a.a.O. hin.

92 Rudolf Steiner: Die Weltgedanken im Wirken Michaels und im Wirken Ahrimans. In: *Anthroposophische Leitsätze*, GA 26., a.a.O., S. 117.

93 Vgl. dazu Rudolf Steiner: *Die Chakren – Sinnesorgane der Seele,* hrsg. von Andreas Neider, Basel 2015. Florin Lowndes: *Die Belebung des Herzchakras. Ein Leitfaden zu den Nebenübungen Rudolf Steiners,* 4. Aufl., Stuttgart 2018.

94 Rudolf Steiner: *Die Chakren,* a.a.O., S. 67.

95 Vgl. Vortrag vom 29. März 1910 in: *Makrokosmos und Mikrokosmos,* GA 119, a.a.O.

96 Vgl. dazu Rudolf Steiner: *Die Chakren,* a.a.O.

97 Vgl. dazu Anna Seydel: *Ich bin Du: Kindererkenntnis in pädagogischer Verantwortung,* Stuttgart 2009; sowie Christof Wiechert: *«Du sollst sein Rätsel lösen ...». Gedanken zur Kunst der Kinder- und Schülerbesprechung,* Dornach 2012.

98 1 Kor. 13,4-6.

99 Rudolf Steiner: *Seelenübungen I*, GA 267, 2. Aufl., Dornach 2001, S. 69.

100 Rudolf Steiners Vortrag vom 27. März 1910 in: *Makrokosmos-Mikrokosmos,* GA 119, a.a.O., S. 182 f.

101 Rudolf Steiner hat diese Rückschauübung auch als *Karmaübung* bezeichnet. Sie findet sich beschrieben in dem Band *Seelenübungen,* GA 267, a.a.O., S. 348 und in ab-

gewandelter Form S. 436. Den Hinweis auf diese Übung verdanke ich Steffen Hartmann.

102 Ein therapeutisches Angebot dieser Art ist zum Beispiel das sogenannte *MSC-Programm – Mindfullness Selfcompassion* – zu Deutsch: *Achtsames Selbstmitgefühl.* MSC-Kurse bestehen gewöhnlich aus einem Acht-Wochen-Programm und beruhen auf der von *Jon Kabat Zin* entwickelten Methode des *MBSR,* also auf der aus dem Buddhismus stammenden Achtsamkeitsmeditation, die heute überwiegend in psychotherapeutischen Zusammenhängen mit Erfolg angewendet wird, insbesondere gegen Depressionen. Mehr über MSC und MBSR kann man im Internet erfahren. Dort gibt es für jede Region in Deutschland, Österreich und der Schweiz zahlreiche therapeutische Angebote, über die man sich jeweils vor Ort weiter informieren kann.

103 Rudolf Steiner: *Seelenübungen,* GA 267, a.a.O.

104 Vgl. zum genaueren Verständnis dieses Zeitorganismus: Rudolf Steiner: *Das imaginative Lebenstableau. Meditative Erkenntnis aus Kindheitskräften,* hrsg. von Andreas Neider, Basel 2017.

105 Diese Meditation beschreibt Rudolf Steiner in *Die Geheimwissenschaft im Umriss* im Anschluss an die Rosenkreuzmeditation, GA 13, a.a.O., S .314 f.

106 Vgl. dazu *Beiträge zur Rudolf Steiner Gesamtausgabe,* Heft 37/38, 1972; Robin Schmidt (Hrsg.): *Gesellschaft für theosophische Art und Kunst – 1911. Dokumente und Interpretationen zu Geschichte und Gegenwart eines Impulses,* Dornach 2012; *Tierkreisimaginationen und Gedenktage im Jahreslauf in der Nachfolge des Kalenders 1912/13 von Rudolf Steiner,* hrsg.

von der Mathematisch-Astronomischen Sektion am Goetheanum, Dornach 1989.
Aktuell gibt die Künstlerin Christine Cologna jährlich einen Kalender heraus, der unmittelbar an den ursprünglichen Kalender von 1912/13, der aus verschiedenen Gründen nur einmal erschienen ist, anknüpft. Darin finden sich ebenfalls die erneuerten Tierkreiszeichen, die sie unter Einsatz der hier beschriebenen Übungen jährlich neu erstellt. Ihrer Arbeit verdanke ich auch den Hinweis auf die Bedeutung dieser Meditationsübungen. Der Kalender kann unter der Telefonnummer *0043/6235/20255* oder schriftlich unter der Email-Adresse art8kunst@gmail.com bei Christine Cologna bestellt werden. Frau Cologna bietet außerdem Übungskurse an, in denen die Arbeit mit den neuen Tierkreiszeichen und die dazu notwendigen Meditations- und künstlerischen Übungen angeleitet werden. Außerdem können bei ihr sowohl ihre eigenen wie auch die von Imme von Eckartstein entwickelten neuen Tierkreiszeichen in Postkartenformat bestellt werden.

107 Das Jahr 1912 entspricht vom Jahre 33 aus gerechnet dem Jahr 1879. Das Jahr 2018 wäre aktuell dementsprechend das Jahr 1985.

108 Rudolf Steiner, veröffentlicht in: *Beiträge zur Rudolf Steiner Gesamtausgabe,* 37/38, 1972, a.a.O., S .37 f.

109 Wir sprechen hier von den real am Himmel erscheinenden Tierkreisbildern, die am Himmel bekanntlich unterschiedlich groß sind, und nicht von den astrologischen Tierkreiszeichen. Die Zeiträume, in denen die Sonne vor den einzelnen Bildern steht, sind daher auch unterschiedlich lang.

110 Wolfgang Held: *Sternkalender. Ostern bis Ostern.* Erscheint jährlich im Verlag am Goetheanum.

111 Aufgrund der Umstellung auf die Sommerzeit verschiebt sich die Zeit Ende März um eine Stunde.

112 Auf weitere Übungen dieser Art geht Hans-Christian Zehnter in seinem äußerst lesenswerten *Essay zum Wesen des Lichtes: Lichtmess,* Basel 2017, ein. Hier finden sich auch weitere Beobachtungen zur Natur des Lichtes.

113 Übungskurse dazu bietet *Christine Cologna* in Österreich an, vgl. Anm. 106.

114 J. W. Goethe: *Faust II,* Vers 4679-4727.

115 Vgl. dazu *Lied der Sonne. Morgen- und Sonnengedichte aus drei Jahrtausenden,* hrsg. von Lis Jacobi, Stuttgart 1983.

116 Mit dem Kalender und den neuen Tierkreiszeichen wollte Rudolf Steiner zugleich auf die Entstehung der menschlichen Gestalt aus den Kräften des Tierkreises aufmerksam machen und wies Imme von Eckartstein deshalb auf den Verlauf der Evolution und die Wirksamkeit der Tierkreiskräfte bei der Bildung der menschlichen Gestalt hin. Näheres dazu in dem genannten Heft 37/38 der *Beiträge zur Rudolf Steiner Gesamtausgabe.*

Hierbei erscheint auch der Zusammenhang mit der *Eurythmie* und den Tierkreiskräften sowie mit den von Rudolf Steiner 1915 für die Eurythmie gegebenen *12 Stimmungen,* in denen die sieben Planeten in ihrem Verhältnis zu den Tierkreiskräften zum Ausdruck gebracht sind. Die *12 Stimmungen* finden sich in *Wahrspruchworte,* GA 40, a.a.O. In der Eurythmie werden die hier angesprochenen Kräftewirkungen durch die sogenannten *Tierkreisstellungen* zum Ausdruck gebracht. Vgl. dazu Werner Barfod:

Tierkreisgesten und Menschenwesen. Ein Weg zu den Quellen der Eurythmie, Dornach 1998.

117 Betont sei hier nochmals, dass dieses Erleben durch die Eurythmie und insbesondere durch die Arbeit mit dem eurythmischen Tierkreis, der ja wiederum mit bestimmten Farben in Beziehung steht, sowie mit den *12 Stimmungen* unterstützt werden kann.

118 Vgl. zum tieferen Verständnis mein Buch *Der Mensch und das Geheimnis der Zeit. Zum Verständnis der Zeit im Werk Rudolf Steiners,* a.a.O.

119 *Anthroposophische Leitsätze*, GA 26, a.a.O., S. 222.

120 Rudolf Steiners Vortrag vom 29. März 1910 in: *Mikrokosmos und Makrokosmos*, GA 119, a.a.O., S. 219.

121 *Anthroposophische Leitsätze*, GA 26, a.a.O., S. 62.

122 Vgl. dazu vor allem den Vortragszyklus *Inneres Wesen des Menschen und das Leben zwischen Tod und neuer Geburt,* GA 153, 6. Aufl., Dornach 1997; sowie die beiden Auswahlbände Rudolf Steiner: *Das Leben nach dem Tod*, 13 Vorträge, ausgewählt und hrsg. von Frank Teichmann, 7. Aufl., Stuttgart 2016; und Rudolf Steiner: *Leben nach dem Tod*, ausgewählte Texte, herausgegeben und kommentiert von Hans Stauffer, Dornach 2009.

123 Vgl. hierzu die Vorträge Rudolf Steiners vom 26. August 1906, in GA 95, 29. April 1908, GA 98, 28. Mai 1907, GA 99, 20. Juni 1907, GA 100, und 20. April 1908, GA 102.

124 Zum genaueren Verständnis der Wesensglieder und der Vorgänge im Schlaf vgl. die Darstellung Rudolf Steiners in *Die Geheimwissenschaft im Umriss,* Kapitel *Schlaf und Tod,* GA 13, a.a.O.

125 Rudolf Steiners Vortrag vom 28. Mai 1907 in: *Die Theosophie der Rosenkreuzer*, GA 99, 7. Aufl., Dornach 1985.

Der Ausdruck «Kamaloka» kommt aus dem Indischen und bezeichnet die unmittelbar nach dem Tode folgende Phase des rückwärtigen Durchlebens des vergangenen Erdenlebens, das in der christlichen Terminologie als das «Fegefeuer» bezeichnet wurde.

126 Rudolf Steiners Vortrag vom 14. August 1917 in: *Menschliche und menschheitliche Entwicklungswahrheiten. Das Karma des Materialismus,* GA 176, 2. Aufl., Dornach 1982.

127 Vgl. dazu die Vorträge vom 2. und 3. Oktober 1920 in: *Grenzen der Naturerkenntnis,* GA 322, 5. Aufl., Dornach 1981.

128 Rudolf Steiner: *Anthroposophische Leitsätze,* GA 26, a.a.O., S. 115.

129 Vgl. dazu das Buch des Verfassers, *Michael und die Apokalypse des 20. Jahrhunderts,* a.a.O.

130 Rudolf Steiner: *Anthroposophische Leitsätze,* GA 26, a.a.O., S. 90 f.

131 Joh. 14,2-3.

132 Rudolf Steiner: *Anthroposophische Leitsätze,* GA 26, a.a.O., S. 91.

133 Rudolf Steiners handschriftliche Aufzeichnungen zu einer esoterischen Stunde um 1905 in: *Aus den Inhalten der esoterischen Stunden*, GA 266a, Dornach 1995, S. 100.

134 Rudolf Steiner: *Anthroposophische Leitsätze,* GA 26, a.a.O., S. 114.

135 Rudolf Steiner: *Anthroposophische Leitsätze,* GA 26, a.a.O., S. 115.

136 Rudolf Steiners Vortrag vom 30. März 1910, in: *Mikrokosmos und Makrokosmos*, GA 119, a.a.O., S. 237 f.

137 Rudolf Steiner: *Anthroposophische Leitsätze,* GA 26, a.a.O., S. 67.

138 Rudolf Steiner: Die Weltgedanken im Wirken Michaels und im Wirken Ahrimans. In: *Anthroposophische Leitsätze*, GA 26, a.a.O., S. 117.

139 Rudolf Steiner: Vortrag vom 29. März 1910. In: *Makrokosmos und Mikrokosmos*, GA 119, a.a.O., S. 218.

140 Rudolf Steiner: Im Anbruch des Michaelzeitalters. In: *Anthroposophische Leitsätze*, GA 26, a.a.O., S. 62.

141 Rudolf Steiner: *Anthroposophische Leitsätze,* GA 26, a.a.O., S. 154.

142 Rudolf Steiner: *Anthroposophische Leitsätze,* GA 26, a.a.O., S. 222.